活出信仰

羅馬書12至15章之生活信息

（景美浸信會榮譽牧師）施達雄 著　施以諾 序

LOGOS系列叢書出版序

人類自古以來，一直試著找尋出宇宙與生命的「道」。古希臘有一位哲學家名叫赫拉克利特（Heraclitus, c.535 - c.475 BCE），他提出不變、萬古長存的道（*logos*），萬事萬物都是按這 *logos* 生成變化，但這道總是不被人們所理解。孔子說：「朝聞道，夕死可矣！」究竟生命當中有什麼「道」，可以值得如此追尋，死而無憾？

聖經告訴我們：「太初有道（*logos*），道與神同在，道就是神。」（約翰福音一章 1 節）「道成了肉身，住在我們中間。」（約翰福音一章 14 節）藉著耶穌基督——上帝的獨生子——的降生，道成肉身來到我們的世界，我們有機會認識道，因為祂就是道。

要認識主耶穌這位又真又活的道，必須從讀聖經與禱告開始。有鑑於讀經的重要性以及閱讀門檻，主流出版社特別選輯了一些有助於讀經、認識真道的書籍，出

版成「LOGOS 系列叢書」，好讓讀者藉著這些書，能夠更深地認識上帝，活出美好的人生。是為序。

鄭超睿

主流出版有限公司發行人

目錄

推薦序

　　有一間教會，一連三週的周六都舉行了佈道會。一位知識分子被朋友邀請去那間教會聽那三週的佈道會。第一週，他覺得沒有任何感動；第二週，他也沒有任何感覺；但到了第三個周六，他卻決志接受這份信仰。

　　他的朋友很好奇，追問他原因，究竟是詩歌感動了他？還是講員的講道動聽？這位知識分子表明都不是這些因素，而是第三週的週間的某個晚上，他看到有位該教會信徒，帶著他才十歲大的孩子，一起去幫助一個倒在路邊的人，這一幕，讓他看在眼裡大受感動！便決定接受了這份信仰。

　　這是一個很值得省思的例子，那位知識分子之所以受感動，不是因為音樂，不是因為講道，而是因為一個不知名的信徒在平日所默默「活」出的見證！

　　容我冒昧這樣說：有時，有些基督徒會有一種不成熟的「二分法」，把參加教會活動視為是「屬靈」的；把週間的工作、生活視為是「屬世」的。事實上，這是一種錯誤的認知，因為在任何地方都可以有上帝的同

在，任何地方都可以活出信仰的見證。

這本《活出信仰》是我父親施達雄牧師過去非常具代表性的講道集，但因為某些因素而絕版，非常感謝「主流出版有限公司」將之重新出版！本書所要闡述的內容就是「信仰生活化」。在我的成長過程中，父親常以身教來教導我們：信仰，可以拿來「講」、拿來「寫」、拿來「唱」，甚至可以拿來「研究」；然而，信仰更需要拿來「活」，而不應只是一種宗教化的儀式，更應要懂得在生活中活出一個基督徒所應有的樣式。

敬與大家分享我父親所著的這本《活出信仰》，本書所提的許多觀念，也是從小父親對我耳提面命的，可說是我們家的傳家寶，我非常珍惜之。而如果您想要閱讀更多生活化的信仰觀點，也歡迎您閱覽本人的《信仰，是最好的金湯匙》（主流出版），將會發現這兩本書在筆法與寫作格式上雖迥然不同，但在內容精神上卻有著很深的血源關係。

敬祝您：凡事興盛、身體康健。

施以諾 博士
暢銷書作家、精神科治療師
輔仁大學醫學院職能治療學系助理教授
臺北市醫學人文學會理事長

第 **1** 章

成爲好基督徒

> 所以，弟兄們，我以上帝的慈悲勸你們，
> 將身體獻上，當作活祭，是聖潔的，是上帝所
> 喜悅的；你們如此事奉乃是理所當然的。不要
> 效法這個世界，只要心意更新而變化，叫你們
> 察驗何為上帝的善良、純全、可喜悅的旨意。
>
> ——羅馬書十二 1-2

　　有人說，人生猶如海中的行船。船有三種，代表三種不同的人生。一為汽船，船內有強大動力的機器，擋得住風，能逆風而行；正如有的人內在的心靈，有信仰、有主張，因而不隨風漂流。二為帆船，船中預備有帆，遇著順風即行，逆風則停，如同有的人生活是看風頭，迎合社會習俗與時代的潮流，沒有真理立場與原則，隨環境而變遷。三為破船，船中無帆無舵，任風飄行，隨波逐流，漂泊無定，自己破壞了，還要撞壞別的船隻；有的人活著也是這樣，自害害人，自欺欺人。請問您的人生，是屬於那一種？

　　有一次，某報社記者訪問愛因斯坦，要他說明人要如何做才能成功。愛因斯坦很簡單地回答：「不要試圖

去作一個成功的人，要努力成為一個有價值的人。因為成功的人從生活中取得多，給得少；而有價值的人給得多，取得少。」我們要立志「成為有價值、有影響力的好基督徒」，這是一個值得倡導的觀念，更是一個基督徒在短暫的人生歲月中，所該存有的生活目標。

我將以「成為有價值、有影響力的好基督徒」為題，根據本篇的這段經文，來傳遞本篇的信息。這一段經文提供我們成為好基督徒的三個原則。首先，要有「獻身為活祭」的體認；其次，要有「不要效法這個世界」的決心；第三，要有「心意更新而變化」的意願。求聖靈幫助我們能明白這段經文的精義，也讓我們彼此來實踐之，讓我們不但成為基督徒，更要以能「成為有價值、有影響力的好基督徒」而自許、自勉。

要有「獻身為活祭」的體認

保羅勸勉基督徒要獻身「當作活祭」，這是基督信仰的特色。舊約中祭物的身體，都是死後呈獻在祭壇上，但上帝卻要我們的身體「活著為祭」獻給祂。活祭的反面就是死祭，例如雅各、彼得等人，都為真理獻身

為死祭，是值得敬佩的殉道者。但是，上帝並不一定要我們人人都成為殉道者，為祂而死；乃是要我們人人獻身為活祭，為祂而活。簡單地說，就是要求我們在生活上與世人有別，能分別為聖，以聖潔的行為、言語、工作為祭，獻給上帝。這是每一位基督徒所當努力達成的目標。

「獻身為活祭」，是指我們當以「聖潔的行為」為活祭獻給上帝

基督徒不是聖人，但卻是以良好的品德與行為作為馨香的活祭獻給上帝，在行為上與世人分別為聖的人。彌迦先知的信息，是「活祭」最具體的詮釋：

> 我朝見耶和華，在至高神面前跪拜，當獻上甚麼呢？豈可獻一歲的牛犢為燔祭嗎？耶和華豈喜悅千千的公羊，或是萬萬的油河嗎？我豈可為自己的罪過獻我的長子嗎？為心中的罪惡獻我身所生的嗎？世人哪，耶和華已指示你何為善。他向你所要的是甚麼呢？只要你行公義，好憐憫，存謙卑的心，與你的上帝同行。

——彌六 6-8

我們都應當更新自己的行為，而實際地「行公義，好憐憫，存謙卑的心，與你的上帝同行」，就是獻上活祭。很多人常以「沒有辦法，我的個性就是這樣」，把一切過失的責任歸咎於個性，而忽視了自己所當更新改進的責任。

撒該得救後，在行為、個性上均有極明顯的革新與改變（參路十九 1-10），這就是活祭。我們在信主後，應當也要有這種更新與改變的經歷。主耶穌對犯姦淫的婦女說：「我也不定你的罪。去吧，從此不要再犯罪了！」（約八 11）「從此不要再犯罪了！」這是一句何等重要的經文，也是我們應當謹守的生活原則。

「獻身為活祭」，是指我們當以「聖潔的言語」為活祭獻給上帝

基督徒要在言語上顯明自己是分別為聖的人。聖經上嚴嚴地教導我們：「污穢的言語一句不可出口，只要隨事說造就人的好話，叫聽見的人得益處。」（弗四 29）這是我們應當遵守的。根據這經文的啟示，基督徒說話不但要句句清潔，更要句句好話。學會說鼓勵、安慰、造就人的好話。要努力使自己在言語上沒有過失，

作「完全人」（雅三 2）詩人禱告說：「願我口中的言語、心裏的意念在你面前蒙悅納。」（詩十九 14）這是我們應當實踐的生活原則。

在當今世代，我們應當具有「敢」，且「願意」獻身為活祭的決心，立志在行為、言語上能榮耀上帝；如此，我們才能「成為有價值、有影響力的好基督徒」。

要有「不要效法這個世界」的決心

保羅不但勸勉我們要有「獻身為活祭」的體認，更要有「不要效法這個世界」的決心。這是「成為有價值、有影響力的好基督徒」的第二個原則。「不要效法這個世界」，現代中文譯本修訂版譯為「不要被這世界同化」，意思是具有不同流合污、不效法時代潮流的決心。

不要效法這個將金錢看為第一的社會環境

我們當今生活在一個重視金錢，超過倫理道德的社會。報上曾有一則故事，說到老張託前輩找一份差事，前輩說：「今年不行，明年提前過來。」次年，老張提前三個月去，前輩說：「今年也不行，明年務必要提

前。」第三年，前輩終於替老張找到了差事。老張這回並未在日期上「提前」，倒是到銀行「提錢」去了。

不擇手段賺取更多的錢財，是這個時代的潮流，人們炒股票、簽賭，甚至為非作歹，都是為了錢。我們會被這種潮流所感染嗎？我們是否也會被污染，以致重視金錢超過信仰、超過永生呢？這是值得我們思考的課題。基督徒要儆醒，不要為了金錢事業而犧牲了見證、聚會、信仰的節操。耶穌說：「因為人的生命不在乎家道豐富。」（路十二 15）切記，我們要有「不要效法這個世界」的決心，不要讓事業、金錢奪去了我們愛上帝的心。不要將金錢視為第一，乃要以永遠的生命為重。

不要效法這個以自我為中心的社會環境

基督徒要學會不以自我為中心，要學會關心別人。俗語說：「人不自私，天誅地滅。」我們承認，自私是人的本性，但卻不合乎上帝的法則，聖經上說：「各人不要單顧自己的事，也要顧別人的事。」（腓二 4）有一個青年人問佈道家波林說：「你對上帝瞭解多少？」這位佈道家率直地回答道：「很少！很少！可是就我所瞭解的這一點點，已足夠改變我的人生。」你的信仰能

改變你的人生觀、價值觀嗎？或者信仰只是你生活的點綴？或者使你更懂得關心別人？我們務要有「不以自我為中心」的決心。

不要效法這個社會的重視現實

「只求結果不問過程」是現代人的通病，這種短視的做法，導至詭詐、尋找法律漏洞、知法犯法、傷天害理等事層出不窮。基督徒應當小心，要想到有一天我們都要站在主的面前，因此而應更加謹慎我們的言行。

在當今世代，我們應當具有「不要效法這個世界」的決心。我們要有「出淤泥而不染」的見證，才能「成為有價值、有影響力的好基督徒」。

要有「心意更新而變化」的意願

保羅不但勸勉我們要有「獻身為活祭」的體認，也要有「不要效法這個世界」的決心，更該具有「心意更新而變化」的意願。這是「成為有價值、有影響力的好基督徒」的第三個原則。

有些時候我們會有一種傾向，以為內心的意念沒有

行為那麼的重要，有時我們甚至會放縱自己的思想。在上帝的眼光中，我們的思想等同實際的行為，在我們看來只是一個思想、只是一個意念，在上帝看來卻是一個行動。事實上，罪惡的行為乃是由罪惡的意念孕育而生，你整個外在的行為，乃是由內在的思想來決定，沒有一個人可以不追求聖潔的思想而能有聖潔的生活。因此，更新我們的心思是每一個基督徒所當有的意願。那麼，應當如何更心自己的心思呢？

要藉著讀經來改變自己的心思

正如詩人所說，上帝的話語能使人有智慧，能快活人心，能明亮人的眼目（參詩十九 8），這是因為基督徒「肯讀」、「默想」，進而去「實踐」，如此的讀經才能變化人的氣質，改變人的心思。有一位姊妹的么女正在念幼稚園大班，有一天下班後，她繞道去幼稚園接她回家。在路上，這位媽媽問女兒：「老師今天教什麼？」么女漫不經心地說：「孔融讓梨。」

為了試一試女兒的領悟力，這位媽媽特別買了四個大小不一的柑橘回家，將四個孩子叫到客廳，然後對么女說：「小芬，這裡有四個柑橘，妳要哪一個？」么女

毫不思索地搶走最大的一個。這位媽媽疑惑地問她：
「老師不是說最小的孩子要吃最小的嗎？」豈知她卻一
派正經，理直氣壯地回答：「這是柑橘，又不是梨呀！
況且我又不是孔融，我也不是男生！」這真是一個讓人
啼笑皆非的論調，可是卻常在基督徒的身上看到翻版；
這也是很多信徒雖然上成人主日學、讀聖經，但是在心
智、品德上，卻依然故我而無法更新進步的原因。我們
要「心意更新而變化」嗎？那麼，就要「熟讀」、「思
想」，並「實踐」上帝的話。

要藉著禱告來改變自己的心思

最重要的是，要能夠藉著禱告來更新自己。大衛給
我們最具體的榜樣。他禱告說：「上帝啊，求你鑒察
我，知道我的心思，試煉我，知道我的意念，看在我
裏面有甚麼惡行沒有，引導我走永生的道路。」（詩
一三九 23-24）大衛這種迫切願意改變自己行為的動機和
意願，是值得我們效法的。著名的文學家托爾斯泰說：
「大家都想改造別人，卻沒有想到要改造自己。」這句
話提醒我們，要首先看見自己眼中的樑木，而不是一心
一意地尋找別人眼中的刺。基督徒的禱告生活，如果不
是看見自己的軟弱，首先更新自己的心思、潔淨自己，

則這種信仰只不過是毫無意義的喃喃自語罷了。基督徒
必須藉著禱告來更新自己。

在當今世代，我們應當具有追求「心意更新而變
化」的決心，才能「成為有價值、有影響力的好基督
徒」。

保羅為我們提供了「成為有價值、有影響力的好基
督徒」的三個原則，即是：要有「獻身為活祭」的體
認、要有「不要效法這個世界」的決心，更要有「心意
更新而變化」的意願。讓我們彼此勉勵，下定決心，以
「成為好基督徒」而自許、自勉。

有一個人送一盆花給某個家庭，主人不知道該放在
哪裡，因為家裡到處都是亂七八糟，而不得不將客廳整
理一番。客廳整理好了，顯得臥室好像豬窩，不得不又
整理臥室；臥室整理好了，廚房更顯得不相稱，又整理
廚房。這樣一來，整個家煥然一新。這小小的花盆就是
起步，整理客廳是第二步，如此一點一滴終於成為新的
局面。

同樣的，我建議諸位先從調整自己的靈修生活，成

為你「成為好基督徒」的起步。你多久沒有個人的禱告、讀經生活呢？就從今天開始吧！

　　「成為有價值、有影響力的好基督徒」，是我們當有的決心，也是當活出的見證。

第**2**章

成爲好會友

　　我憑著所賜我的恩對你們各人說：不要看自己過於所當看的；要照著上帝所分給各人信心的大小，看得合乎中道。正如我們一個身子上有好些肢體，肢體也不都是一樣的用處。

　　我們這許多人，在基督裡成為一身，互相聯絡作肢體，也是如此。按我們所得的恩賜，各有不同。或說預言，就當照著信心的程度說預言；或作執事，就當專一執事；或作教導的，就當專一教導；或作勸化的，就當專一勸化；施捨的，就當誠實；治理的，就當殷勤；憐憫人的，就當甘心。

　　　　　　　　　　　　——羅馬書十二 3-8

　　聖經中曾用很多的名詞，來比喻說明「基督和教會」或「信徒與信徒」之間的關係；其中，以「教會是基督的身體」之描述，最為深入、最為具體，也最為周全。

　　教會是基督的身體，雖然只有一個身體，但卻是由許多的肢體器官所組成。這種描述，表達了三方面的真

理：第一，我們既然是連結於基督（頭）的身體，就當服事祂、信賴祂、順從祂；第二，「肢體的關係」是提醒我們，所有的信徒（肢體）在教會（身體）中，應當相互接納、彼此擔當，如此教會（身體）才能健全；第三，「基督的身體」的比喻，是表達每一個信徒（器官）在教會中（身體中）的重要性、功能性。因此，如何在基督的身體上（教會中），發現自己是什麼肢體和什麼器官，進而能充分發揮自己的功能，是每一個受洗加入教會之後的好基督徒，所當體會、所當活出的教會生活。

當然，我們應當以能「成為有價值、有影響力的好基督徒」而自許；但是，更要鼓勵自己能在教會中「成為教會的好會友」而自勉。羅馬書十二章 3 至 8 節提示了「成為好會友」的三個原則。首先，對自己要有「有用感」；第二，對上帝要有「歸屬感」第三，對教會要有「責任感」。求聖靈啟迪我們領悟這段經文的精義，以致我們願意成為教會中的好會友，使我們的教會因此而能更進步、更興旺。

對自己要有「有用感」

在這段經文中，保羅說：「我憑著所賜我的恩對你們各人說：不要看自己過於所當看的；要照著上帝所分給各人信心的大小，看得合乎中道。正如我們一個身子上有好些肢體，肢體也不都是一樣的用處。我們這許多人，在基督裏成為一身，互相聯絡作肢體，也是如此。」（3-5 節）這段聖經提醒每一位信徒，在教會中的角色及應有的態度。

我們的角色不同、恩賜不同，但重要性卻不容忽視，如同身體的各個肢體都有其功用；自己看自己要看得合乎中道，不可自卑，也不可自高。

看得「合乎中道」，是提醒我們肯定自己的重要性

保羅以肢體的關係提醒我們，我們每個人在教會中都是很重要的。由於上帝創造的奇妙，人身體的每一肢體都是有用的，有人埋怨上帝造五根手指頭長短不一；原來，這是因為手指有長有短，合攏拿物品時才會恰當齊全。

也有人責怪上帝造手指甲，說容易藏污納垢，修剪

麻煩；然而，若是上帝不造手指甲，手指軟而無力，如
何拿起物品？腳趾無指甲，如何站穩有力？

　　同樣的，每一位基督徒在教會都有其用處，都應當
樂意參與事奉。在教會中，不管是擔任講道的、招待
的、插花的、教主日學的、司琴的⋯⋯，都是同樣的重
要。上帝看重每一個人，不要以為我是一個沒有學識、
沒有財富、沒有地位的人，所以我在教會中就沒有什麼
功用。要記得，我們是用主的寶血所買贖回來的，我們
都是極有價值的會友。不要以為唱詩班、主日學、禱告
會少了我一個人有什麼關係？少一個人服事、奉獻有什
麼關係？保羅以肢體的關係，提醒我們：你，在教會中
是很重要的會友。

看得「合乎中道」，是提醒我們謙虛地與各人互相聯絡的重要性

　　保羅以肢體來比喻教會中眾信徒的親密關係。肢體
中各部分必須互相配合，才能生活得幸福、愉快。比方
你看見一個賊，你的腦子發號令捉住他，你的腳接受命
令後便立刻去追趕；但若你的雙手不合作，不但不能捉
到那賊，恐怕走近時反而挨他重拳。會友間學會這種彼

此合作、互相幫忙，這才是真正的教會。

奧古斯丁說：「假如你的腳被人踩了一下，你的舌頭立刻喊痛。」腳不能發出聲音，但腳若被踩痛了，我們的舌頭便會為之叫屈；雖然兩者距離甚遠，卻因為同屬一個身體而彼此擔代。會友的關係正如肢體，求主教導我們妥善地運用自己的舌頭，能關心、安慰、鼓勵人。我們應當成為關心其他信徒的好會友。

在上帝的眼中，每一會友都是「有用」的人。我們看自己的時候，要肯定這種「有用感」，這是成為教會中之好會友的首要條件。

對上帝要有「歸屬感」

保羅又說：「按我們所得的恩賜，各有不同」（6節）現代中文譯本修訂版為：「所以，我們要按照上帝給我們的恩惠，好好地運用不同的恩賜，做應該做的事。」這段經文告訴我們兩件事：第一，我們每一個人都有恩賜，而且恩賜各有不同；第二，上帝賜給每個人恩賜與才幹。

在教會中，每個人都有不同的恩賜、才幹，正如身上有不同的肢體

例如：講道、教導、插花、歌唱、琴藝、理財、資訊、管理、烹飪、繪畫、輔導、園藝、寫作、攝影……等。上帝賜人恩賜的目的有二：首先，為要建立教會——恩賜的功用是「為要成全聖徒，各盡其職，建立基督的身體。」（弗四 12）基督是教會的頭，教會是基督的身體，信徒是肢體；眾信徒要將所得的恩賜聯合起來，同心合意地建立興旺的教會。

其次，乃是為使人得益處——「聖靈顯在各人身上，是叫『人』得益處。」（林前十二 7）上帝賞賜才幹、恩賜給各人，為了是要使我們成為有用之人，用所得的恩賜、才幹來事奉上帝。使人得益處的「人」是指個人，也是指眾人；如此說來，上帝賜人恩賜的目的，是為了造就個人、建立教會。因此，我們應當將自己的恩賜、才幹歸給上帝，在教會中與人配搭合作，善用個人的恩賜。

上帝能賞賜人恩賜與才幹，過去能、現在能，將來也能

當上帝呼召摩西承擔帶領以色列人出埃及時，摩西對耶和華說：「主啊，我素日不是能言的人，就是從你

對僕人說話以後，也是這樣。我本是拙口笨舌的。」
（出四 10）因此，耶和華對他說：「誰造人的口呢？
誰使人口啞、耳聾、目明、眼瞎呢？豈不是我——耶和華
嗎？現在去吧，我必賜你口才，指教你所當說的話。」
（出四 11-12）由此可見，恩賜的獲得有時是與生俱
來的；但有的時候，卻是在人服事上帝時，上帝所賞
賜的。

以我個人的經驗為例，我最初在神學院讀的是聖樂
系，本來是要走音樂的路來服事主，因我真的是一個沉
默寡言、拙口笨舌的人；以我的個性、恩賜，都沒有當
牧師的條件。我生來就最怕說話，然而當我肯開始努力
學習講道時，上帝也逐漸賞賜我這項恩賜，祂竟讓我寫
了《如何準備講道》這本書，也被東南亞很多神學院採
用作為教本；更奇妙的是，我竟成了教授「講道法」的
老師。

我以自己為例，是為了見證兩件事：第一，上帝賞
賜人恩賜、才幹；第二，雖然我們才幹不夠，但若肯獻
給上帝，上帝必加倍地賜下恩賜。講道是如此，你若肯
在教會中，為主唱詩、為主繪畫、為主插花……，你的
恩賜也必然越用越多。

我們的恩賜、才幹都是上帝所賞賜的，我們當歸屬於祂。這種「歸屬感」，是成為教會中之好會友的第二個原則。

對教會要有「責任感」

保羅又說：「或說預言，就當照著信心的程度說預言；或作執事，就當專一執事；或作教導的，就當專一教導；或作勸化的，就當專一勸化；施捨的，就當誠實；治理的，就當殷勤；憐憫人的，就當甘心。」（6-8節）這段經文告訴我們兩件事：第一，恩賜是用來服事上帝的，不是用來自我陶醉，更不是用來向人誇口的。可惜，很多人知道將自己的才幹「只」用來發展自己的事業，卻很少將自己的才幹主動且忠心地用在教會中；第二，服事上帝應有的態度是要有信心、專一、誠實、甘心。總之，要有主動、自動自發的態度來參與教會的事工。

我們用才幹在教會中服事，是為要榮耀上帝

服事當向上帝忠心，而不是為了得人的稱讚（使徒行傳五章對亞拿尼亞夫妻事件的描述，很值得讀者思想

且引以為鑑。）如果我們「故意」渲染自己在教會服事上的成就，藉此獲得人的稱讚，那麼你已從人得著應得之獎賞，但也失去了上帝的賜福（請特別注意「故意」兩字的含義，有別於人們主動的稱讚。）

如果我們確知所有的服事不是「為」得人的稱讚，而是榮耀上帝，那麼我們不但會默默地服事，更重要的是不敢草率，且會盡力做到最好。

英國倫敦有一著名日報《每日郵報》。這報紙之所以出名，是因報紙上找不到一個錯字，看不見一個錯處。為什麼會有如此成就呢？原來從前該報的編輯主任發現印出來的報紙常常會有些錯誤，雖然多次說過，人若發現報上有錯誤，就可以得著獎品；負責校對的則要受罰，或被開除，但都無效，仍然常有錯誤。

有一次，他忽然想出一個方法，就召集員工，對他們說：「諸位！你們如此仔細勤勞地工作，真是可嘉；然而，為要提高我們報紙的聲譽，我們每天用一上等的紙，特印一份，也是本報所印的第一份，送給我們的王室御覽，然後再印其餘的一百五十萬份。諸位當然知道，送給君王看的報紙，絕對不容有錯。」從那時起，

員工個個覺得他們的工作極其尊貴，因此格外地謹慎認真。《每日郵報》也就成了英國沒有錯誤的報紙。

聖經上說：「你們所事奉的乃是主基督。」（西三 24）我們在教會中所有的服事，都是為萬王之王、萬主之主而做的，不論是帶領唱詩班、教主日學、招待、插花、掃地等，在教會中的任何服事工作，都是服事上帝，因此不敢草率。這種認識，會更激勵我們向上帝忠心。

此種責任感是出自主動、自動的態度，用才幹在教會中服事上帝

美國第卅五任總統甘迺迪有一句著名的銘言：「我親愛的美國同胞，不要問國家可以為你做些什麼；乃是要問你能為國家做些什麼。」我們是上帝家中的人，不應一直要求教會為我做什麼？傳道人、執事、輔導及其他的會友能幫助我什麼？反倒應自問：我既然加入了教會，是教會家中的人，我應當能為教會做什麼？當你到教會，看到詩班成員這麼少，新來的慕道友無人招呼，禮拜堂空氣不流通，物品擺設不理想，你是只會責怪傳道人、執事、幹事、工友、同工不負責？還是主動招呼

慕道友，主動的清潔、美化自己的禮拜堂？我們是上帝家中的人，不是外人，也不是客人，我們若肯如此主動地服事上帝、服務別人，必然加添教會愛的氣氛。

對自己的教會要有強烈的責任感，這種「責任感」，是成為教會中之好會友的第三個原則。

※　　※　　※

保羅為我們提供了「在教會中成為好會友」的三個原則：對自己要有「有用感」，對上帝要有「歸屬感」，對教會要有「責任感」。讓我們彼此勉勵、下定決心，以「成為教會中之好會友」而自許、自勉。

有人誤解教會只是一棟建築物，根本不需要付出關心和愛；還有人將教會看作「公共電話亭」，平常在那裡進進出出，只在乎自己和上帝的交通，卻不理會別人，甚至孤立自己，無視別人的存在。其實，教會是上帝在世上施行拯救的信仰團體，教會是我們在基督裡互相認同、彼此幫助、共同獻身的大家庭。

「成為教會中的好會友」是我們當有的決心，也是當活出的見證。

第 **3** 章

成爲好信徒（一）：
在教會中

愛人不可虛假。惡，要厭惡；善，要親
近。愛弟兄，要彼此親熱；恭敬人，要彼此推
讓。殷勤，不可懶惰；要心裡火熱，常常服事
主。在指望中要喜樂；在患難中要忍耐；禱告
要恆切。聖徒缺乏，要幫補；客，要一味地
款待。

——羅馬書十二 9-13

希臘船王歐納西斯龐大產業的唯一繼承人克莉絲汀
娜因藥物過量猝死，曾一度成為全球熱門話題。報紙上
種種報導及臆測，大多偏重於十億美元的遺產要如何發
落，以及船業王國又會如何走向的問題。

克莉絲汀娜的死亡，至少暴露出她並不幸福的事
實。在她三十八年的生命中，竟有四次離婚的紀錄，而
過世時卻是孤獨一人。單從這一點來看，已足以說明錢
財與幸福並無必然之關係。一個四十歲不到的女子，能
夠有效地管理船業王國，竟無法掌握人生基本的些許幸
福，要常常藉著藥物來控制情緒——我們只能說，她的
父親只教給她賺錢與理財的本事，卻沒有教導她如何獲
得幸福的人生。

　　基督徒活在世上，重點不是要具有賺取財富的本事，更要具有如何使自己活得更喜樂的智慧；不只是問：「我能從別人的身上賺取到什麼？」更是要問：「我能為別人做什麼？」不但要成為耶穌基督的信徒，更要成為耶穌基督的好信徒。

　　我們將以「成為耶穌基督的好信徒」為題，闡述保羅在羅馬書第十二章 9 至 13 節所帶給這個時代的信息。第 9 至 13 節是討論「如何在教會中成為好信徒？」第 14 至 21 節則討論「如何在教外人中成為好信徒？」本文將由三方面先分享第 9 至 13 節之經文。一個好的信徒，乃是：對同道，要有真誠的愛心；對上帝，要有忠誠的服事；對環境，要有得勝的決心。如果我們肯在這三方面努力學習與實踐，我們就能成為耶穌基督的好信徒。

對同道，要有真誠的愛心

　　保羅提醒我們成為好信徒的首要條件，就是對同道要具有真誠的愛心。他說：「愛人不可虛假。惡，要厭惡；善，要親近。愛弟兄，要彼此親熱；恭敬人，要彼此推讓。……聖徒缺乏，要幫補；客，要一味地款

待。」（9-10 節、13 節）簡言之，就是信徒與信徒之間，彼此有一種真誠的愛；而這種「真誠的愛」，會在許多方面具體呈現出。

真誠的愛，在本質上是「不可虛假」的

信徒與信徒之間的彼此相愛，不是一種虛偽的應酬與表演，更不當具有不純正的動機，而是一種真誠的愛心。世界上有一種「有企圖的愛」，一面表達情愛，一面企圖因此獲得某種利益；世界上也有一種「作秀式的愛」，一方面表達情愛，一方面期待獲得人的稱讚（法利賽人模式，參馬太福音六章 1 至 4 節）。信徒與信徒之間的愛不當是裝模作樣，不是虛假的愛，而是用真誠的愛來愛人。

真誠的愛，包含「惡要厭惡，善要親近」

愛人不是盲目、沒有原則的，正如上帝愛世人，卻恨惡人的罪，我們對人也當持守此一原則。曾經有一位姊妹邀約另一位姊妹去參加通宵舞會，被婉拒後，她繼而要求說：「妳如果還算是我的好朋友，就打電話告訴我媽說，我今晚在妳家過夜。」類似這種事情的發生，如果是你，你會答應嗎？

信徒要分辨什麼是包容，什麼是縱容？要分辨是愛他，還是害他？一個好信徒當實踐「惡要厭惡，善要親近」的原則，因為這才是真誠的愛。

真誠的愛，是對人具有「彼此親熱」的態度

親切熱誠是愛的表現，使人進入教會而有如同家一般的溫馨。我們應當以親切熱誠彼此相待。如果有人到我們的教會聚會已經有好幾個禮拜，卻沒有人理睬他，也沒有人與他打招呼，這是我們的疏失，他一定感到這是一間冷冰冰的教會，因為感受不到一絲親切的對待。一個好信徒當對其他的信徒有親切的態度，因為這才是真誠的愛。

真誠的愛，具有合體統的「恭敬與禮讓」

愛，不是放縱無禮。在教會中彼此不但要親切、熱誠，也要彼此以禮相待。很多時候，重視親熱就忽略禮貌，重視禮貌就失去親熱，這都是偏頗的現象。真誠的愛乃是包含對人的尊重，是一種合體統的恭敬與禮讓。一個好信徒當對其他的信徒有「恭敬與禮讓」的態度，這才是真誠的愛。

真誠的愛，具有「幫補與款待」人的意願

保羅說：「聖徒缺乏，要幫補；客，要一味地款待。」（12 節）基督徒要樂意與別人分享，不吝嗇地接待同道，對有需要的信徒要慷慨解囊，以物質幫助那些遭遇不幸的人。總之，信徒之間應有互相幫助的愛心，留意別人的缺乏，以愛心幫補人的欠缺。一個好信徒當樂於分享，對其他信徒具有「幫補與款待」之意願，這才是真誠的愛。

有人說：「愛，是一種啞吧也能講，聾子也能夠聽懂的語言。」我們當常常自問：我們能為別人做什麼？我們能如何使別人活得更喜樂？這種樂意用真誠愛同道的心，是成為好信徒的第一個原則。

對上帝，要有忠誠的服事

保羅緊接著又提醒我們，一個好信徒的第二個原則，就是對上帝要有忠誠的服事。他說：「殷勤，不可懶惰；要心裏火熱，常常服事主。」（11 節）一個好信徒要常常自問：「我能為教會做什麼？我能為上帝做什麼？」要奉獻時間、金錢、才幹，盡心、盡力忠誠地服

事上帝。每一位信徒若有這種心志，那麼個人靈命之成長、全家歸主、教會興旺，是指日可待的事實。

忠誠的服事，是「常常」的服事

我們大部分的時間，多為自己、為兒女、為伴侶、為朋友、為家人做這個或做那個，但有多少時間是為了上帝？保羅要我們思想一生「曾」為主做了什麼？「能」為主做什麼？「願」為主做什麼？

總之，一個好信徒，會常常利用機會、時間來服事上帝。

忠誠的服事，是「火熱」的服事

如果，信徒與信徒之間彼此冷漠，互不關照；如果，信徒對教會的事工冷漠，不能主動去觀察教會的需要，不會自動地投入教會的事工，教會怎能興旺呢？只有火熱的信徒才會想到上帝的事工，其中以「聖靈感動」的熱和「愛」的火，最為強烈、最為動人，也最為有效。

一個好信徒不只是服事上帝，更要火熱地服事上帝。

忠誠的服事，是用「心」的服事

服事上帝的工作，不只是看外面的表現，熱誠乃由「心裡」發出，有心無力固然不好，有力無心更不好。服事主（教主日學、領會、司琴、帶詩班、招待、探訪……）當「盡心……盡力……」，以「心」服事上帝，會使服事更有果效。

一個好信徒不只是服事上帝，更要用「心」服事上帝。

忠誠的服事，是「殷勤」的服事

「不可懶惰」，要「竭力多做主工」（林前十五58），為主勞苦絕不會徒然。「殷勤」的服事。是與「常常」服事首尾互相呼應，更強調信徒當有服事上帝的心志。一個好信徒不只是服事上帝，更要殷勤地服事上帝。

然而，對於服事上帝，根據聖經的教訓，有一個重要的提醒。我們應當熱心地服事上帝，但是卻不能有錯誤的熱心，以免導致極大的傷害。保羅還未歸主之前，是一位「熱心」服事上帝的人，但他卻熱心於破壞基督的福音工作，熱心地逼迫基督徒。他說：「就熱心說，

我是逼迫教會的」（腓三6），又說：「我原是猶太人，生在基利家的大數，……按著我們祖宗嚴緊的律法受教，熱心事奉上帝，像你們眾人今日一樣。我也曾逼迫奉這道的人，直到死地，無論男女都鎖拿下監。」（徒廿二3-4）

保羅在這兩段經文提醒我們要有正確的判斷力，不要效法他過去的失敗，只熱心於自己的錯誤觀念。求聖靈幫助我們，指正我們的心思，才不致如同保羅錯誤地「熱心事奉」——傷害人而不自知。

一個好的信徒，要常問自己：我「曾」為上帝做什麼？我「能」為上帝做什麼？我「將」為上帝做什麼？樂意忠誠地服事上帝，是成為好信徒的第二個原則。

對環境，要有得勝的決心

保羅在這段經文中提醒我們成為好基督徒的第三個原則，就是對環境具有得勝的決心。他說：「在指望中要喜樂；在患難中要忍耐；禱告要恆切。」（12 節）這是保羅提供信徒勝過艱難環境的三個祕訣。

保羅提供勝過環境的第一個祕訣，是「在指望中要喜樂」

這句經文有兩層含意：第一，基督徒是一個樂觀而喜樂的人；第二，基督徒之所以能樂觀、喜樂地活著，是因為他是一個有指望的人，而上帝是他指望的根源。我們當深信，上帝的恩典是夠豐富的，沒有任何阻力、壓力是我們擔當不起的。世界上絕不會有「沒有」希望的「信」徒（否則怎能稱為「信」徒？他又「信」些什麼？）信徒們不管在任何景況中，都當提醒自己不要活得像是沒有指望的人。一個好信徒當懂得以喜樂的心，去勝過艱苦的環境（保羅在使徒行傳十六章 25 至 30 節，便有美好的見證）。

保羅提供勝過環境的第二個祕訣，是「在患難中要忍耐」

這句經文有兩層含意：第一，信徒會遭遇「患難」；第二，患難有他的價值，所以要以「忍耐」來面對。你在患難中是心生忍耐，或是心生埋怨？信徒要學會信任上帝，因為上帝不會平白無故地加增患難給我們，因此不必問理由，只管忍耐。一個好信徒當懂得以忍耐，去勝過艱苦的環境。

保羅提供環境的第三個祕訣，是「禱告要恆切」

這句經文指出信徒禱告的兩個原則：要持續、要懇切。我們每天用多少時間、用什麼態度與上帝說話？你是否整天、整週，甚至整個月從沒有與上帝說一句話？切記！一個人若停止禱告，必然會失去上帝的力量。然而一般而言，有些禱告並未立即能看見上帝的成就，反需忍耐等候，因此保羅勸勉我們禱告要「恆」——不可灰心，持之以恆地祈禱；禱告要「切」——情詞迫切地祈求。

聖經上曾如此介紹撒母耳的母親哈拿：「哈拿心裡愁苦，就……祈禱耶和華。」（撒上一 10）哈拿心中愁悶，雖然丈夫以利加拿非常愛她，但是哈拿卻沒有兒女；在當時，不能生育的婦人往往會遭到莫大的羞辱。她每天看見周遭的小孩子，難免觸景生情，而她丈夫以利加拿另一個育有兒女的妻子又時常對她時加以侮辱，我們應能瞭解哈拿當時的處境。

其實，在日常的生活中，誰不會遇見令人愁苦、沮喪的環境，甚至無法解決的問題呢？因此，在任何景況下，無論多麼的「不可能」，我們仍當效法哈拿，將一

切的難處，求助於那位真正能幫助我們的上帝。上帝能幫助哈拿，上帝也必能解決我們的問題。一個好信徒當懂得以恆切的祈禱，來勝過艱苦的環境。

一個好信徒，是信任上帝的人。在即使是絕望中，因有指望而能喜樂，因忍耐而能成長，因禱告而能獲得勝過環境的能力。要有勝過環境的決心，是成為好信徒的第三個原則。

※　※　※

保羅為我們提供「成為耶穌基督的好信徒」的三個原則：對同道，要有真誠的愛心；對上帝，要有忠誠的服事；對環境，要有得勝的決心。讓我們彼此勉勵，以「成為耶穌基督的好信徒」而自許、自勉。

曾有一位成功的企業家曾用四句很有哲理的話，來提醒他的眾員工：「再好的時機，也有人破產；再壞的時機，也有人賺錢；再好的事業，也有人失敗；再壞的事業，也有人成功。」總之，人要努力才能成功。同樣的，再好的環境，也有人憂愁；再壞的環境，也有人喜樂；再小的試探，也有人跌倒；再大的試探，也有人得

勝。我們當攻克己身，而以「成為耶穌基督的好信徒」自我鞭策。

　　「成為耶穌基督的好信徒」是我們當有的決心，也是當活出的見證。

第 **4** 章

成爲好信徒（二）：
在教外人之中

　　逼迫你們的，要給他們祝福；只要祝福，不可咒詛。與喜樂的人要同樂；與哀哭的人要同哭。要彼此同心；不要志氣高大，倒要俯就卑微的人（人：或譯事）。不要自以為聰明。不要以惡報惡；眾人以為美的事要留心去做。若是能行，總要盡力與眾人和睦。

　　親愛的弟兄，不要自己伸冤，寧可讓步，聽憑主怒（或譯：讓人發怒）；因為經上記著：「主說：『伸冤在我，我必報應。』」所以，「你的仇敵若餓了，就給他吃，若渴了，就給他喝；因為你這樣行就是把炭火堆在他的頭上。」你不可為惡所勝，反要以善勝惡。

——羅馬書十二 14-21

　　如果你希望擁有一座花團錦簇的庭園，那麼從你播種的第一天開始，你就要辛勤地澆灌、除草、施肥，讓它能在最好的條件下，發芽成長、開花結果；同樣的，如果你希望自己能擁有和諧的人際關係，喜樂的信仰生活，一定要散播誠實、仁慈、寬恕的種子，細心栽培、施肥，猶如一個優秀的園丁，將自私、傲慢、仇恨等野

草連根除去，你的信仰生活才能活得更光彩。「讓教外的同事、親友們，能見證、稱讚我們是一位有愛心、有作為的好信徒」，這是每一個基督信徒所當活出的見證，所當努力達成的目標。

前文以羅馬書十二章 9 至 13 節闡述「如何在教會中成為好信徒」，本文將繼續從羅馬書十二章 14 至 21 節的經文，闡述「如何在教外人中成為好信徒」。在教會中成為好信徒固然重要，而在教外人中成為好信徒，則更是我們所當活出的見證。我們將由四方面來分享這段經文的內容。要在未信主之親友中成為好信徒：要「懂得善待人」（14 節）、「懂得關懷人」（15 節）、「懂得尊重人」（16 節）、「懂得寬恕人」（17-21 節），如果我們肯在這四方面鞭策自己去實踐，別人必能因我們的好行為，來肯定基督信仰的價值，進而信服基督。

要懂得善待人

面對未信主的親友，有時我們會遭遇正面的考驗（或逼迫）。當有人譏笑、攻擊你的信仰時，你會用什麼態度來回應呢？保羅說：「逼迫你們的，要給他

們祝福；只要祝福，不可咒詛。」（14 節）這一節經文告訴我們兩件事：首先，要知道信徒有時會因信仰遭受逼迫；第二，信徒遭受逼迫時，不管理由為何，或受到什麼樣的迫害，總要做到：「只要祝福，不可詛咒」（這是指對個人的惡待或攻擊，而非對真道的抵擋），這是一個強而有力的命令。信徒必須以「善」待人。為什麼？

以「善」待人，能感動逼迫者歸向上帝

使徒行傳中所描述，在司提反遭受迫害臨死之前，他滿有愛心，敬虔地祈求上帝赦免那些用石頭打死他的人。在人群中有個名叫掃羅、後來改稱為保羅的青年人，日後成了基督的僕人、偉大的使徒。很肯定地說，司提反抱持以「善」待人的行為，是影響保羅歸向基督的重大因素之一。

奧古斯丁曾說：「教會因著司提反的虔誠禱告，而得著了保羅。」很多逼迫基督徒的人，後來竟成了大有作為的基督徒，是因為「看見」、「經歷」到信徒懂得以「善」待人。

以「善」待人，才能作天父的兒女

在馬太福音第五章，耶穌說：「你們聽見有話說：『當愛你的鄰舍，恨你的仇敵。』只是我告訴你們，要愛你們的仇敵，為那逼迫你們的禱告。這樣就可以作你們天父的兒子；因為他叫日頭照好人，也照歹人；降雨給義人，也給不義的人。你們若單愛那愛你們的人，有甚麼賞賜呢？就是稅吏不也是這樣行嗎？你們若單請你弟兄的安，比人有甚麼長處呢？就是外邦人不也是這樣行嗎？所以，你們要完全，像你們的天父完全一樣。」主耶穌很清楚地提醒基督徒：「要愛你們的仇敵，為那逼迫你們的禱告。」如此，我們才可以作天父的兒女。

「以善待人」，是一個好信徒面對信仰的逼迫時，所當持守的見證。

要懂得關懷人

保羅又提出與教外人（未信主的親友）相處的第二個原則，就是在日常生活中要懂得關懷他們。保羅說：「與喜樂的人要同樂；與哀哭的人要同哭。」（15 節）這一節經文的含意簡單地說，就是欣賞而不是嫉妒別人

的成就，對於別人的挫折不幸災樂禍，關心別人如同自己；在與人同樂、同哀中，見證我們是有人情味、能關懷人的好信徒。

一個懂得關懷人的好信徒，會「與喜樂的人同樂」

在別人有所成就時，不但沒有酸葡萄或嫉妒的心理，反而能一同喜樂給與讚賞。一般人的通病，常是見不得別人的工作、子女、名聲、事業等比自己更好，因而心生嫉妒、排斥；但保羅提醒我們，要有「與人同樂」，欣賞別人成就的心胸。

一個懂得關懷人的好信徒，會「與哀哭的人同哭」

在別人有患難挫折時不但不會幸災樂禍，反而能有同理心，體恤他們的哀苦，進而伸出援手。一般人難免會有些幸災樂禍的心理，看到不好、不幸的事情，心中竊竊私語，不但欠缺了同情心，甚至沒有一點惻隱之心。例如，看到某人工作失敗了，有時不但不予以同情，反而故作先知狀：「你看嘛！我早知道他會失敗。他是咎由自取！」保羅在此提醒我們，要懂得同理別人的不幸處境，不要揭瘡疤，而要做裹傷的工作。基督徒應當是一個充滿人情味的好信徒。

「真誠的關懷」，是一個好信徒面對未信主的親友時，所當活出的美德。

要懂得尊重人

保羅又舉出與未信主的親友相處的第三個原則，就是要用謙虛的態度予以尊重。保羅說：「要彼此同心；不要志氣高大，倒要俯就卑微的人（人：或譯事）。不要自以為聰明。」（16節）人與人相處時，會不自覺地顯露出聰明、愚拙之別，輕看不如自己的人；保羅卻提醒我們「不要志氣高大」，倒要俯就卑微的人；「不要自以為聰明」，也要體恤軟弱的一方。

一個懂得謙虛尊重人的信徒，要保守自己「不要志氣高大」

現代中文譯本修訂版將「志氣高大」譯作「心驕氣傲」，是指一種傲氣凌人、自高自大的意識、行為。「心驕氣傲」是當一個人條件比別人好、才能比別人強、智能比別人高時，最容易產生的心態。主內的弟兄姊妹們，當你有些成就的時候，千萬不要對未信主的親友心驕氣傲。

　　故總統蔣經國先生曾說了一個故事，他說：「從前我們家鄉有一故事，是說：『天下文章以中國人寫得最好；中國人的文章以浙江人寫得最好；浙江人文章以紹興縣人寫得最好；紹興縣人的文章以我哥哥寫得最好；而我哥哥的文章寫好後，要我改幾句，這文章才算好。』這就是說，天下的文章只有他自己寫得最好。」經國先生結論說：「這種唯我獨尊，只有我最好的心理非常普遍，這也就是國家不能進步的原因。」

　　事實上，如果我們常常「心高氣傲」，則必然成為無法引導未信主的親友歸向基督的原因。

一個懂得謙虛尊重人的信徒，要保守自己「不要自以為聰明」

　　自以為聰明是條件比別人差、才能比別人小、智能比別人低時，最容易產生的心態。正如有些人之所以充滿傲氣，是出於自卑感或自以為聰明的心態作祟。

　　有一位攝影師為一位老婆婆拍照。老婆婆說要六張照片，一張寄給兒子，兩張寄給女兒，兩張寄給親戚和朋友，剩下一張自己留著。攝影師吩咐她坐好，替她拍了一次。但她卻不肯離座，堅持要拍六次。她說：「要

六張照片，當然要拍六次囉！別以為我是老太婆就不懂事。」我們會覺得她很愚笨嗎？她好像說得很有道理，但卻顯出她的「自以為聰明」。這種在「自以為聰明」中流露出的「無知」，常是我們自己未能察覺而得罪親友的原因，值得我們警惕。

謙虛地「尊重人」，是一個好信徒面對未信主的親友時，所當持守的態度。

要懂得寬恕人

未信主的親友難免會得罪我們，我們當如何對待他們，以顯明自己是一個好的信徒呢？

保羅說：「不要以惡報惡；眾人以為美的事要留心去做。若是能行，總要盡力與眾人和睦。親愛的弟兄，不要自己伸冤，寧可讓步，聽憑主怒（或譯：讓人發怒）；因為經上記著：『主說：伸冤在我，我必報應。』所以，『你的仇敵若餓了，就給他吃，若渴了，就給他喝；因為你這樣行就是把炭火堆在他的頭上。』你不可為惡所勝，反要以善勝惡。」（17-21節）

　　保羅在此強調一個基本原則：如果有未信主的親友得罪你，如果你是一個追隨基督的好信徒，那麼你一定要寬恕他。然而，如何才能算是真正寬恕人呢？

要有「不以惡報惡」的決心

　　如果別人以惡對待我們，我們又以惡回報之，那麼我們豈不也墮落成為惡人？事實上，以惡報惡，只有惡上加惡，永遠不能解決問題。有一句很有意思的話說：「被蘋果打痛了頭而能不生氣的人，才可能成為牛頓。」同樣的，懂得「不以惡報惡」的人，才能稱為耶穌基督的好信徒。

要有「留心行善」的智慧

　　「眾人以為美的事，要留心去做」。這句話有兩層意思。首先，眾人以為美的事，上帝不一定以為美，因為少數服從多數而做的原則，不一定合乎聖經的原則，所以雖然眾人以為是美的事，也要當心，免得得罪上帝。其次，眾人以為美的事，若上帝也以為美，這當然是好事，要「留心」做得盡善盡美，免得有被挑剔的把柄。

要有「保持和睦」的意願

　　「若是能行，總要盡力與眾人和睦」。這句話有兩

層含意。首先，「若是能行……」。除非是為了堅持真
理，而不得不得罪人，否則就應當與眾人和睦；其次，
「盡力」，表示追求或保持和睦要付上代價——肯讓
步、肯吃虧、肯遷就人，這是一個好信徒所當培養的
美德。

要有「以善勝惡」的雄心

保羅在第 20 至 21 節中從三方面來討論「以善勝
惡」的道理。首先，我們沒有伸冤權，因為除了上帝，
沒有人有權審判人；其次，唯有仁慈能溶化人心，化敵
為友。「把炭火堆在他的頭上」，乃是指以善行感動惡
人，使他感到汗顏；第三，要征服的不是別人，而是征
服自己極欲復仇的心。化敵為友，乃是消滅仇敵最好的
方法。

「衷心地寬恕人」，是一個好信徒面對攻擊、毀謗
時，所當存有的心志。

※　　※　　※

保羅提醒我們「在未信主的親友之中成為好信徒」
的四個原則，乃是：要有「以善待人」的見證、「衷心

地關懷人」的美德、「謙虛尊重人」的態度、「衷心地寬恕人」的心志，讓我們彼此勉勵，以「成為耶穌基督的好信徒」而自許、自勉。

有人幽默地說：台北的交通之所以混亂，是因為駕車的人太迷信「路是人走出來的」之觀念，所以任意變換車道、違規轉彎迴轉、闖紅燈、超車事件等層出不窮。我曾在和平西路與羅斯福路交叉處看到一極顯目的廣告牌，是給駕車者最幽默的建言：「路是人讓出來的，我讓你讓，路就讓得更寬廣。讓一步，何等瀟灑！」如果將這句話運用在人際關係上，你就更加能領悟保羅在這段經文的教導：「忍」讓一步，何等瀟灑！路是人讓出來的，我讓你讓，路就更寬廣。

在未信主的親友中，「成為耶穌基督的好信徒」，是我們當有的決心，也是當活出的見證。

第 **5** 章

成爲好國民

在上有權柄的，人人當順服他，因為沒有權柄不是出於上帝的。凡掌權的都是上帝所命的。所以，抗拒掌權的就是抗拒上帝的命；抗拒的必自取刑罰。作官的原不是叫行善的懼怕，乃是叫作惡的懼怕。

你願意不懼怕掌權的嗎？你只要行善，就可得他的稱讚；因為他是上帝的用人，是與你有益的。你若作惡，卻當懼怕；因為他不是空空地佩劍；他是上帝的用人，是伸冤的，刑罰那作惡的。所以，你們必須順服，不但是因為刑罰，也是因為良心。

你們納糧，也為這個緣故；因他們是上帝的差役，常常特管這事。凡人所當得的，就給他。當得糧的，給他納糧；當得稅的，給他上稅；當懼怕的，懼怕他；當恭敬的，恭敬他。

——羅馬書十三 1-7

在這段文中，使徒保羅很具體、清楚地闡述一個基督徒對國家所當持有的態度。

有很多人常誤以為基督徒是看破紅塵、不涉及政治、沒有國家觀念的人；甚至有些基督徒本身，也自以為不應當有屬世的國家觀念，尤其誤解耶穌所說「凱撒的物當歸給凱撒，上帝的物當歸給上帝」（路二十 25）這句經文的含意，因而強烈地主張基督徒不應當涉及、參與關懷政府的一切施政。其實，在這段經文中，主耶穌非但不是否定基督徒對國家所當盡的責任，反而卻是肯定基督徒對國家具有所當盡的義務。

主耶穌這句話提醒我們，基督徒固然對上帝及教會有諸多責任，同時對國家與政府也當盡義務。

基督徒雖然不屬乎這個世界（是上帝的子民，是天國的國民），可是卻在這個世界上，並且被差遣進入這個世界，要成為光、成為鹽，影響他所生存的社會。因此，基督徒應當是一個奉公守法的好國民，對國家盡義務、對社會有所貢獻。保羅在羅馬書第十三章 1 至 7 節中，便從三個方面提醒基督徒，除了要成為天國的好國民之外，也要以能成為地上的好國民而自許、自勉。保羅認為，一個好基督徒應當也是一個肯「服從政府」（1-4 節）、「行善守法」（3-5 節）、「忠實繳稅」（6-7 節）的好國民。

要服從政府

保羅首先提到，一個基督徒應當也是個肯服從政府權柄的好國民。他說：「在上有權柄的，人人當順服他，因為沒有權柄不是出於上帝的。凡掌權的都是上帝所命的。所以，抗拒掌權的就是抗拒上帝的命；抗拒的必自取刑罰。作官的原不是叫行善的懼怕，乃是叫作惡的懼怕。……因為他是上帝的用人，是與你有益的。你若作惡，卻當懼怕；因為他不是空空地佩劍；他是上帝的用人，是伸冤的，刑罰那作惡的。」（1-4 節）這段經文具體地敘述了政府當盡的責任與國民當盡的義務。以下將藉由這段經文，來探討「基督為什麼要服從政府」？進而探討「在什麼情況下才可以不服從」？

基督徒為什麼要服從政府的權柄？

保羅提出三個原因：

第一，因為一切權柄是出於上帝（1 節）。「凡掌權的都是上帝所命的」，一個順天愛民的好政府是上帝的代表，是上帝的用人；掌權者在世上是替天行道的，因此我們服從、尊重政府的權柄。

第二，因為掌權的是除暴安良的，是為受屈者伸冤的（3-4節）。上帝藉由政府來維持人與人之間的關係與秩序，維持社會的治安，因此我們應當與政府合作，服從政府的權柄。

第三，因為是與我們「有益的」（4節）。在上帝的計畫中，政府存在的目的是為了人民的福利，掌權者是在世界上替上帝施行公義與慈愛，本著正義懲罰作惡的、獎勵行善的，如此政府的存在對守法者是有益的。因此，我們應當服從政府的權柄。

在這段經文中，保羅根據「凡掌權的都是上帝所命的」這個原則，清晰而具體地論及政府應盡的責任，和國民當盡的義務。

在什麼情況下，基督徒可以不服從政府？

倘若政府的命令與上帝的命令沒有衝突，則應當率先支持政府的決策；倘若政府的命令是違背正義，且與上帝的命令衝突，則應當順服上帝，絕不放棄信仰（但以理三個朋友寧死也不拜王的金像便是一例）。在此，保羅以配「劍」（4節）來象徵執政者施政時該存有的正義原則。

曾有一位英明的皇帝對他的護衛團團長說：「拿起這刀劍來！如果我治理百姓治理得好，你用它來保護我；如果我治理不好，你用它殺死我吧！」執政者既然是上帝的用人，就應當擔負起替天行道的責任；但是他們如果放棄了他們的天職，甚至強迫人民去做違反上帝的真理，那麼在這種情況下的基督徒又當如何因應呢？

保羅在這裡並沒有提及，因為在他心中只注視著一位順天愛民的政府。但是在幾年之後，這個問題在尼祿王迫害教會的事件上發生了，請聽保羅和彼得的解答。保羅說：「我勸你，第一要為萬人懇求、禱告、代求、祝謝；為君王和一切在位的，也該如此，使我們可以敬虔、端正、平安無事地度日。」（提前二 1-2）

彼得則說：「你們若為基督的名受辱罵，便是有福的；因為上帝榮耀的靈常住在你們身上。你們中間卻不可有人因為殺人、偷竊、作惡、好管閒事而受苦。若為作基督徒受苦，卻不要羞恥，倒要因這名歸榮耀給上帝。」（彼前四 14-16）在此歸結而論，如果政府迫害信仰，基督徒不可妥協；如果政府施政錯誤，基督徒要「代禱」、「不可違法」，並「積極地活出信仰」，而不是以暴力、破壞性的反抗。

一個好基督徒，應當也是一位肯服從政府權柄的好國民。

要行善守法

其次，保羅又提到一個好基督徒，也應當是一個行善守法的好國民。他說：「你願意不懼怕掌權的嗎？你只要行善，就可得他的稱讚。」（3 節）這裡論到「行善」，對政府而言，最具體的含意是指守法與服從。又說：「所以，你們必須順服，不但是因為刑罰，也是因為良心。」（5 節）基督徒不是因懼怕刑罰才勉強自己守法，而是發自良心，心甘情願地守法。這段經文提醒我們，基督徒行善守法有兩個層面，首先，乃是可以獲得稱讚（有好的見證）；其次，是為服從良心（信仰的流露）。

基督徒在今日社會中之所以願意行善，乃是為獲得稱讚

這不是說，基督徒之所以願意行善守法，為的是要滿足自己的虛榮心；乃是說行善守法，是基督徒所當結出的果子、所當活出的見證。主耶穌極清楚地提出基督徒處世生活的積極態度，祂說：「你們是世上的

鹽……。你們是世上的光……。人人點燈，不放在斗底下，是放在燈臺上，就照亮一家的人。你們的光也當這樣照在人前，叫他們看見你們的好行為，便將榮耀歸給你們在天上的父。」（太五13-16）當一個基督徒肯奉公守法、積極行善，因而被人們稱讚時，便是使上帝得著榮耀。期待自己能榮耀上帝，是我們行善守法的第一個因素。

基督徒在今日社會中之所以願意行善，乃是為服從自己的良心

　　基督徒是自動自發的循規蹈矩。基督徒之所以守法行善，並非來自法律的約束或壓力，而是出自服從良心的自我要求。事實上，人之所以肯守法，有兩個因素：其一，是因為怕遭刑罰因而守法；其二，是出於良心的要求，要在上帝面前保持無愧的良心，即使不會受罰，仍舊甘心守法。基督徒的生活乃根據一個更高的原則，他並非因害怕不守法會帶來刑罰而服從政府，乃是因為他的良心要他這麼做。就如同我們之所以遵守交通規則，不是怕被取締、罰款，更是為了良心的緣故而遵守之。

基督徒當比一般人更積極、更自動地守法

基督徒不但不違法，更要積極地守法。有一次，慕迪在芝加哥被人攔了下來，問他要去哪裡？這位偉大的佈道家回答道：「去投票選舉。」這人大吃一驚，又勸他說：「慕迪弟兄，難道您忘了自己是天國的子民，這世界並非您最後的歸宿嗎？」慕迪笑著回答說：「是啊，但是，我現在還住在美國，也在美國繳稅呢！」我們固然是天國的國民，但因還住在這個世上，就該盡國民當盡的本分。因此，基督徒應當是自動且率先守法、支持政府的好國民。

一個好基督徒，應當也是一位肯行善守法的好國民。

要忠實繳稅

最後，保羅提到一個好基督徒，也應當是一個肯忠實繳稅的好國民。保羅以「繳稅」為例，肯定基督徒是樂意遵守國家法令的國民。

他說：「你們納糧，也為這個緣故；因他們是上帝

的差役，常常特管這事。凡人所當得的，就給他。當得
糧的，給他納糧；當得稅的，給他上稅；當懼怕的，
懼怕他；當恭敬的，恭敬他。」（6-7 節）保羅在此強
調，基督徒絕不可逃漏稅，因為繳稅是好國民所應盡的
義務。

基督徒應當忠實地繳稅，因為我們受政府所保護

當時的猶太人，對於向羅馬政府繳稅這件事，十分
不甘心，常常設法逃避反抗。而保羅的教導與主耶穌相
似，我們既然在政府的治理和保護下，就有義務向政府
繳稅。主耶穌說：「凱撒的物當歸給凱撒；上帝的物當
歸給上帝。」（太廿二 21；可十二 17；路二十 25）這是
說，基督徒一方面對上帝有義務，另一方面對政府也有
義務。

政府的存在是為了公正、安全，並保護社群抵禦一
切的外侮；我們既然從國家獲得安全的保障，因此也當
盡上對政府的義務。

基督徒應當忠實地繳稅，因從政府獲得各項服務

一個人無法離開人群，及諸如水電、交通等公共設
備，而獨立生存。一個人若只是享受國家所供給的，卻

拒絕擔負任何責任，這不是基督徒所當有的態度。主耶穌不但教導我們當繳稅盡義務，祂也為我們樹立了繳稅的好榜樣。

從社會倫理及基督信仰的立場來看，我們既然從政府獲得各種服務，就理當忠實地繳繳稅金。總之，以回饋社會、政府的心志，忠實地繳稅，是每一個基督徒所當具有的精神。

基督徒應當忠實地繳稅，因這是政府所規定的

整本聖經教導我們，不要效法世界的樣式，但卻要遵守世上的法律（參羅十三1）。基督徒一方面要與世界分別出來，另一方面卻要順服世上的政府（參多三 1；彼前二 13）。我們要立定心志，以「成為守法的好國民」，證明自己是「一個守法的好基督徒」。基督徒應當是比一般國民更守法的好國民。

一個好基督徒，應當也是一位肯忠實繳稅的好國民。

※　※　※

保羅提出一個基督徒對政府應有的三種態度。要

「服從政府」、「行善守法」、「忠實繳稅」。一個好基督徒也應當是一個好國民，這是我們應當具有的意識，及努力達成的目標。

「不要問國家可以為你做些什麼，乃是要問你能為國家做些什麼？」這是美國第卅五任總統甘迺迪的銘言，也當是每一個虔誠的基督徒當以此自我反省的銘言。

「成為好國民」是我們當有的決心，也是當活出的見證。

第 **6** 章

成為成全律法的
基督徒

　　凡事都不可虧欠人，惟有彼此相愛要常以為虧欠，因為愛人的就完全了律法。像那不可姦淫，不可殺人，不可偷盜，不可貪婪，或有別的誡命，都包在愛人如己這一句話之內了。愛是不加害與人的，所以愛就完全了律法。

　　　　　　　　　　　　　　——羅馬書十三 8-10

　　有段時期，台北市為了使交通能達到「忙而不亂」的水準，常可在電視、報紙或在計程車的後窗，看到這句「把交通的愛找回來」的標語，尤其是在報紙上有更大的篇幅，來推展這一個運動。

　　宣傳單上寫道：「台北市的交通為什麼會如此忙亂呢？這是一個值得深思的問題。長久以來，我們的交通始終混亂、脫序，最大的問題是出在馬路上的愛，流失在每一個爭先搶快的駕駛盤上，以及毫無秩序的行進步伐間！維護交通的順暢，是你我共同的責任；只要每一個人多一份交通自律，就能減少一份失序的混亂，讓我們一起來關懷交通問題，用具體的行動，共同把交通的愛找回來！」

　　主辦單位深信，「愛」是「交通自律」的動力；「愛」──人人若肯自愛與愛人，台北市的交通必然暢通。

　　同樣的，社會治安是否會更美好，個人的行為是否會更良善，家庭是否能夠更和諧，不只是出自法律知識的傳授，更重要的是「把生活的愛找回來」，

　　同樣的，一個懂得自愛且愛人的基督徒，也必然是一個奉公守法的好國民，正如保羅所說：「所以，愛成全了全部的法律。」（羅十三 10，現代中文譯本修訂版）

　　保羅在羅馬書十三章 8 至 10 節中，說明了每一個信徒應當如何在日常生活中，真正以「愛」作為行事為人的準則。在這段經文中，保羅從三方向談到基督徒如何過「愛」的生活：一，信徒凡事都不可虧欠人（8 節）；二，信徒在彼此相愛上要常以為虧欠（8 節）；三，信徒要活出愛人如己的美德（9-10 節）。

　　求聖靈幫助，讓我們能成為生活中有愛的基督徒。

凡事都不可虧欠人

保羅首先提醒我們,要以「凡事都不可虧欠人」作為處世為人的基本原則。

「凡事都不可虧欠人」,是指無論做什麼事都不使別人吃虧;「凡事都不可虧欠人」的另一層含意,是指不占別人的便宜。愛是一種「奉獻與給予」,但是在還未給予之先,總要能「先」做到不使別人吃虧、不占別人便宜,才能進而談到「奉獻與給予」。簡單地說,「凡事都不可虧欠人」,就是要我們凡事對得起人,能有一個清潔、無愧的良心,有「仰不愧於天,俯不怍於人」的好行為,這是活出愛的第一步。

然而,我們應當怎麼行,才能達到「凡事都不虧欠人」的原則呢?

若我們肯遵行耶穌的吩咐,就能「凡事都不虧欠人」

主耶穌曾說:「無論何事,你們願意人怎樣待你們,你們也要怎樣待人。」這句話在消極方面而言是:如果我們不想別人使我們吃虧,占我們便宜,我們當然也不可有使人吃虧、占人便宜的意念和行為。

積極方面，我們期待別人能善待我們之前，首先我們應當真心地善待別人。嚴格說來，世界上其實只有兩種人，一種是製造問題的人，另一種是解決問題的人。有一種人時常以自己的利益為念，只問自己能賺得多少？能從別人獲得多少？存著這種想法的人，就是製造問題的人。

又有另一種人，是關懷自己所能做出的貢獻，自己能奉獻多少，能對別人有什麼貢獻？這種人是解決問題的人。

在家庭生活或在工作環境中，我們是屬於這兩種人中的哪一種人呢？一個常虧欠人，占別人便宜的人，是製造問題的人；一個具有愛心，常樂意給與人的人，是解決問題的人。基督徒在家庭中或在工作環境中，應當以成為解決問題的人而自許、自勉。如此，我們所言、所行，就能合乎「凡事都不可虧欠人」的原則。

若我們肯履行自己當盡的責任，就能「凡事都不虧欠人」

在我們與人相處的過程中，若願意積極地履行自己的責任，關懷、幫助周遭的人，則所行的不但不會加害於人，反倒有益於人。

為什麼雁的飛行隊伍會成「人」字飛行？那是為了節省能量。雁飛行時，牠的翅膀攪動空氣，使牠的後面產生氣流，在這個氣流中飛行，可以節省些力氣。一群成「人」字飛行的雁，每一隻都受到前面那一隻翅膀振動產生氣流之雁的幫助，只有領頭的那隻沒有；在遷徙時，每隻雁輪流作領頭的。雁這種睿智、互助與勞逸平均的做法，實在值得人類學習。

一個人在家庭或工作環境中，若肯履行自己當盡的責任，也能積極地體諒、幫助別人，那麼他的所言、所行，就必能合乎「凡事都不可虧欠人」的原則。

「凡事都不可虧欠人」，是每一個基督徒所當謹守的生活原則。

在彼此相愛上要常以為虧欠

保羅提醒基督徒「凡事都不可虧欠人」，但在「彼此相愛上，要常以為虧欠」。基督徒雖凡事不虧欠人，但自己卻要常感到虧欠的，是愛人之心的不足。簡單地說，基督徒要常想到自己應當如何對別人先付出愛心，

而不是常想到別人當如何用愛心對待自己。丈夫對妻子、妻子對丈夫、兒女對父母、朋友對朋友……，若真具有「常以為虧欠」的愛，則家庭、人際關係也必然因此更加和諧。這種「常以為虧欠」之主動性的愛，是我們所當培養的美德。

我們當如何培養這種美德呢？

實踐「常以為虧欠」主動性的愛之首要祕訣，在於肯主動支援別人的需要

當我們去關心別人、幫助別人的時候，也使自己獲得益處，因此肯主動幫助別人、關懷別人，是智慧的表現。

在《伊索寓言》中，有一則關於〈馬與驢子〉的故事；雖是小故事，卻有極深遠的意含。故事提到從前有一位商人養了一匹馬和一匹驢子。馬是用來供人乘坐的，而驢子則是用來拖運貨物的。有一天，因為要運送的貨物比往日多出很多，這位商人擔心驢子無法承受這些載重，就把一部分的貨品放在馬的身上。

馬沿路一直埋怨不停，驢子則沒有任何怨言，一言

不發地前進，但是牠的步伐愈來愈慢、愈來愈不穩定了，原來驢子的身體不太舒服。驢子發現自己實在太難受了，於是開口說：「馬兄，我今天身體不舒服，已經有一點支撐不住了，是不是可以幫我背一點東西？」原本就不高興的馬，聽了驢子的話後，更是萬分不悅地說：「難道你沒有看到我很累嗎？」便逕自走了。

驢子拖著蹣跚的步伐，搖搖擺擺地跟在馬的背後，每走一步，似乎都有倒下去的可能。再走了一段路後，驢子實在走不動了，牠再次請求馬的支援，但是仍舊得不著。最後，驢子終於支撐不住，倒了下去，一命嗚呼。這位商人便把原來放在驢背上的貨物取下，全部搬到馬背上，繼續向前走。這時，馬開始後悔，但卻為時已晚。

同樣的，夫婦之間、同事之間的相處，若能主動性的支援與協助對方的需要，這不但讓對方獲得益處，也是有益於自己，且也必因此獲得更美好的人際關係，及更溫馨的家庭。

實踐「常以為虧欠」主動性的愛之第二個祕訣，在於肯為別人著想

今天社會所缺少的不是知識、麵包，而是愛，因為缺少為別人著想的愛，所以社會到處充滿了凶殺、淫亂、偷盜等不法的脫序現象。舉例而言，古人有句話說：「刀鋒不可向別人」，這是一個為別人設想的愛。我們拿刀刃給別人的時候，應當把刀柄朝向別人，刀鋒朝向自己。這是一種愛心的行為，如果有所失誤，並不會傷到別人，只會傷到自己。如果每一個人都有這種為別人著想的愛，則家庭與社會也就沒有什麼紛爭了。

處理任何事情，亦當抱持這種「為別人著想」的精神：寧可自己受傷而不傷害別人，這是愛的具體表現。有人說：「最好的人際關係，是我們犧牲自己的利益，以寬宏及體諒所建立的。」因此，一個能為別人著想，肯犧牲、肯體諒別人的人，必然會有良好的人際關係。

「在相愛上要常以為虧欠」，這種對人主動關懷的愛，是我們所當培養的美德。

要有愛人如己的美德

保羅提醒我們，愛是一切的原動力，是一切行為的準則，愛能成全所有的律法。在第 9 至 10 節的經文中，他強調三方面的真理：一，愛是不加害於人（10 節），這是愛的消極意義；二，愛是使人得益處，這是愛的積極意義；三，要「愛人如己」，這是一切誡命的總綱。

人若肯實踐「愛人如己」的道理，則他的行為不但不會加害於人，而且所做所為必然有益於人。如果一個人的行為動機是愛，如果他的整個人生受上帝的愛所治理，而且愛人，他就不需要任何其他的律法了。因為愛就成全了全部的律法。

保羅為什麼這麼愛強調愛人如己的原則呢？因為：

一個肯「愛人如己」的人，才能成為好基督徒及守法的好國民

律法上的各項規定，都是為了禁止人加害他人。就如不可姦淫、不可殺人、不可偷盜……等，都不過是防止人去侵害別人的權益。這種禁止是消極的、是外表的，只是從外面禁止而已；但「愛」卻使人打從內心不

加害別人，且定意要使人得著益處。這種「愛」的原則是從裡面做起的，是積極地給予人好處的。

所以，愛不但使我們實踐律法，而且也完全了律法所未能兼顧的部分，及律法未能達到的目的。曾有人說：「所謂愛：對國家是守法，對父母是孝順，對兄弟是謙讓，對夫妻是捨己，對朋友是信實，對兒女是仁慈，對病者是憐恤，對鄰居是和睦，對弱者是扶持，對強權是勇敢，對仇人是饒恕，對自己是聖潔。」一個肯如此「愛人如己」的基督徒，雖然沒有豐富的法律知識，但他卻是一個最守法的好國民。因為，愛就成全了全部的律法。

一個肯「愛人如己」的人，必定能有喜樂的生活

一個真心愛人如己的人，必定樂意幫助別人，也必然從助人當中獲得喜樂。

曾有弟兄兩人到田野散步，見路旁有農人脫下的一雙鞋子。弟弟說：「吃飯的時間快到了，我們把他的鞋子藏起來，開開他的玩笑，看看他找鞋子的窘態。」哥哥說：「不可以拿窮苦人的窘態為自己尋開心，你要讓人快樂。」弟弟說：「我怎能讓他快樂呢？」哥哥說：

「那很容易，你放些錢在他的鞋裡，看他穿鞋的時候必定會很開心。」於是弟弟在兩隻鞋裡各放了些錢，兄弟二人就躲在樹林裡欲看個究竟。

不久，農人收工了，到路旁穿上鞋子。未走一兩步，覺得鞋裡似乎有東西，便坐了下來。脫下右腳的鞋子，往外一倒，有錢掉了出來；又倒了左腳的鞋，也有錢掉出來。他站起身來四周望了望，不見一人。起初是驚，其次是疑，再後笑了。兩個人聽見他說：「感謝主！家裡正沒有錢。」手裡便拿著錢，哼著詩歌回家了。

兄弟二人，你看我、我看你，會心地笑了。哥哥問弟弟說：「你今天是不是做了賠本的生意？」弟弟說：「不，絕不，比看一場電影更快樂。」

你沒有喜樂嗎？你若肯用「愛人如己」的心態來幫助別人，必定會獲得無比的喜樂。

「愛人如己」，是我們在人際關係中所當實踐的原則！

　　　　　※　　※　　※

保羅提醒我們成為有愛心之基督徒的三個原則：一，「凡事都不可虧欠人」——絕不做出違背自己的良心、傷害別人的事；二，「在彼此相愛上要常以為虧欠」——要學習主動地去關懷周遭的人；三，「要有愛人如己的美德」——將愛心活出來。讓我們在愛中建立自己、在愛中造就別人。

美國故總統林肯的童年，就受到了嚴謹的宗教教育。當他母親臨終時，按手在他頭上，囑咐他要實踐愛人如己的真理。林肯一生以此自勉，不計算人的惡，寬待仇敵。當其隨從問他為什麼不把仇敵一舉消滅時，他回答說：「我善待敵人，化敵為友，不是就沒有仇敵了嗎？」這種「愛」的榜樣，值得我們效法與學習。

「愛，便成全了全部的律法」，這是值得基督徒深思、實踐的真理。

第 **7** 章

成爲光明磊落的
基督徒

　　再者，你們曉得，現今就是該趁早睡醒的時候；因為我們得救，現今比初信的時候更近了。黑夜已深，白晝將近。我們就當脫去暗昧的行為，帶上光明的兵器。行事為人要端正，好像行在白晝。不可荒宴醉酒；不可好色邪蕩；不可爭競嫉妒。總要披戴主耶穌基督，不要為肉體安排，去放縱私慾。

　　　　　　　　　　　　——羅馬書十三 11-14

　　某一年在春節之前有一則報導，談到有關該年生肖的問題。其中提及新加坡有些人不願在「蛇年」生育子女。新加坡有四分之三的人口是華人，因此與我們同樣看重農曆新年。由於新加坡是個鼓勵生育的國家，曾經拚命地生龍子、龍女，如今卻擔心蛇年的生育率下降，而達不到五萬名新生兒的目標，所以新加坡政府特別設計了一個宣傳口號：「每種生肖都有偉人」，強調歷史上有許多偉人都在蛇年出生，美國林肯總統即為一例。

　　新加坡人之所以不願意在蛇年生育，是因為擔心自己的孩子會被蛇感染到其陰險、狠毒的品德。事實上，

決定一個人品德之好與壞，絕不是他在何時、何地出生，乃在於他如何想、如何說，及如何行來決定。正如西方哲人說：「思想產生人的行為，行為久而久之會成為你的習慣，習慣久而久之會成為你的個性，而個性會鑄成你一生的成敗。」思想、行為、習慣、個性，是人之所以會成為君子或小人的主要關鍵。為此，身為華人的我們，應當立志要藉著基督信仰的陶冶，而使自己成為君子——光明磊落的基督徒。

保羅在羅馬書十三章 11 至 14 節中，指示出「成為光明磊落的基督徒」的三個祕訣：首先要「喚醒自己的心靈」（11 節），其次要「提昇自己的品德」（12 節），再其次要「戰勝自己的私慾」（13-14 節）。求主幫助我們，願意藉著這三個原則來調整、修正自己，也願意在這個社會成為光明磊落、名符其實的基督徒。

喚醒自己的心靈

保羅說：「你們曉得現今就是該趁早睡醒的時候；因為我們得救，現今比初信的時候更近了。」（11節）他要求我們趁早「睡醒」——指心靈方面的醒悟。

　　一個睡了的人對周遭所發生的事沒有感覺、沒有反
應，也根本不知道自己所處景況的安危。正如現今有很
多心靈沉睡的基督徒對親人是否能得救、自己的品德是
否能更提昇，完全沒有感覺，也沒有任何反應；對人生
的短暫及基督第二次降臨審判之事，也毫不重視。因
此，保羅在這一節經文中，除了提醒我們要「喚醒自己
的心靈」之外，更說明了「喚醒自己的心靈」的重要
性。

因為主耶穌即將再降臨，所以我們要趁早「喚醒自己的心靈」

　　保羅說：「因為我們得救，現今比初信的時候更近
了。」這裡所謂「得救的時候」，是指主耶穌第二次降
臨，信徒得救贖、得榮耀，也是審判世人的時候。至於
主耶穌什麼時候會再來，祂說：「但那日子，那時辰，
沒有人知道，連天上的使者也不知道，子也不知道，惟
獨父知道。」（太廿四 36）又說：「那時，兩個人在田
裡，取去一個，撇下一個。」（太廿四 40）兩個人在田
裡，表明兩個人在相同的環境中（同一個教會、家庭、
學校等）；但為什麼主再來的時候，會有一個被取去，
一個被撇下呢？因為其中一個已經重生得救，所以被提

到空中與主相遇；另一個被撇下，是因為他沒有重生，是有名無實的基督徒。

保羅提醒我們，耶穌很快就要降臨審判世人，聖經上說：「審判要從上帝的家起首。」（彼前四 17）為了避免有一天，主耶穌向你宣告說：「我不認識你！」我們該「趁早」醒悟，不要仍舊作個馬馬虎虎、隨隨便便的基督徒，要立志使自己成為名符其實、光明磊落的基督徒。

因為人生的短暫與無常，所以我們應該趁早「喚醒自己的心靈」

人生何其短暫，所以我們除了要珍惜歲月、奮發圖強之外，更應當關懷自己心靈永恆的歸處。

「因為我們得救，現今比初信的時候更近了」，是說信主的人過了一年，是少了一歲，是離主更近一步；我們應當栽培自己，充實自己的心靈生活，預備迎見上帝。

〈引人歸主〉（頌主新歌 476 首）這首詩歌，很能表達這個真理：

主若今日接我靈魂，我能坦然見主否？
缺少珍寶向主獻陳，贖罪大恩白白受。

追想昔日虛度光陰，現時豈可再虛度？
我今奉獻全身、全心，聽主命令行其路。

這首詩歌充分表達了保羅要我們「睡醒」的意義與目的。為了避免有一天主耶穌向你宣告說：「我不認識你！」我們該「趁早」醒悟，不要仍舊作個馬馬虎虎、隨隨便便的基督徒，要立志使自己成為名符其實、光明磊落的基督徒。

我們應當「喚醒自己的心靈」，立志使自己成為光明磊落的基督徒。

提昇自己的品德

保羅不但提醒基督徒該「喚醒自己的心靈」，更要「提昇自己的品德」，使自己成為更聖潔的基督徒。

他說：「黑夜已深，白晝將近。我們就當脫去暗昧的行為，帶上光明的兵器。」這裡告訴我們：一，為什

麼要提昇自己的品德？因為「黑夜已深，白晝將近」。二，要如何提昇自己的品德？「要脫去暗昧的行為，帶上光明的兵器」。對保羅而言，「提昇自己的品德」是每一個基督徒所當具有的心。

基督徒為什麼要努力提昇自己的品德？

因為「黑夜已深，白晝將近」。從自然現象而言，黑夜既已深，白晝自然將近。照樣，時代進入深夜，白晝很快的就要來臨（基督很快地要再臨審判萬民），基督徒要把握機會趕快悔改，趕快服事上帝，也要致力於提昇自己的品德。

我們怎麼知道黑夜已深？看一看聖經（提後三1-5），再看一看今日社會的脫序、道德的墮落、暴力事件的層出不窮，不就顯明黑夜已深了嗎？

報紙曾報導，有四名高中生因為缺錢用，就同謀買刀行劫，在一個晚上搶劫四家賓館；最後，不巧遇見了巡邏警察而被送法辦。隔兩天，又有兩名國中生持刀搶劫超商，被警察逮補，移送法辦。這兩名學生在家長和警察面前，其辯解的理由是「沒有錢花，當然搶」。

打開報紙社會新聞的版面，我們都會承認這個社會實在太黑暗了！也肯定了基督再來審判的日子近了，我們理當活出美德，培養自己有更完美的品德，以能造就別人也榮耀上帝。

基督徒當如何提昇自己的品德？

為了提昇自己的品德，保羅說：「當脫去暗昧的行為，帶上光明的兵器。」保羅所說暗昧的行為，就是指不可「荒宴醉酒」、不可「好色邪蕩」、不可「爭競嫉妒」，基督徒要先脫去這些暗昧的行為。簡單地說「脫去暗昧的行為」，是指要放棄不良的嗜好、習慣與行為；更要離棄罪惡，分別為聖，不與世人同流合污。

「帶上光明的兵器」，是「脫去暗昧行為」的對語。「脫去暗昧的行為」之提醒，使我們聯想到詩篇所說的：「不從惡人的計謀，不站罪人的道路，不坐褻慢人的座位」（詩一1）之「三不原則」；而「帶上光明的兵器」之提醒，使我們聯想到詩篇所說的：「惟喜愛耶和華的律法，晝夜思想」（詩一2），這也是人之所以能實踐「三不原則」的動力。

上帝的話是我們勝過試探與誘惑的兵器，也是靈命

能茁壯、成長的動力。簡單地說，所謂「帶上光明的兵器」是以真理為行為的尺度，使我們能成為光明磊落的基督徒。

我們應當「提昇自己的品德」，立志使自己成為光明磊落的基督徒。

戰勝自己的私慾

保羅不但提醒基督徒要「喚醒自己的心靈」、「提昇自己的品德」，更要能「戰勝自己的私慾」。保羅說：「行事為人要端正，好像行在白晝。不可荒宴醉酒；不可好色邪蕩；不可爭競嫉妒。總要披戴主耶穌基督，不要為肉體安排，去放縱私慾。」（13-14 節）

一個人之所以能活得光明磊落，是因為他能順服真理，謹守這「三不原則」，進而戰勝自己的私慾。

在這段經文中，有兩種不同鮮明對比的人生態度。

有些人的行為因受私慾所支配，可說是失敗的人生

私慾是自己的中心，他惟一的律法就是他的慾望與

他的「我想」。總之，一切的選擇都以自己的喜愛為依據。事實上，各人的生活態度皆有不同，有些人受私慾、貪婪、驕傲、野心所支配。然而，一個基督徒的行為不應當常受欲望所支配，反倒要能支配、戰勝自己的慾望。為此，保羅嚴肅地提醒基督徒說：「不可荒宴醉酒；不可好色邪蕩；不可爭競嫉妒。」

要特別注意這三個「不」字，這是食、色、財的三個大關，許多英雄好漢因無法通過這三關，以致身敗名裂、功敗垂成。在社交應酬中，務必以此「三不」為戒。切記！如果一切的行為抉擇都被「私慾」、「喜愛」所支配，必然是一個失敗的人生。

有些人的行為因受真理所引導，可說是得勝的人生

保羅要求信徒能「披戴（穿上）基督」，意思是以「基督的心為心」，也是指「行事為人有基督的樣式」，這是克制「私慾」及「行為端正」的原動力。

「不要為肉體安排，去放縱私慾」，直譯作「不要任憑肉體的意慾」。肉體的意慾常是叫人去做一些違背或抵擋上帝旨意的事。我們當倚靠、順從聖靈的感動與指引，去治死心中的惡念。

奧古斯丁因為誦讀、接受這段經文而獲得重生。在他所寫的《懺悔錄》一書中，他說：

> 我走在花園裡，內心極為沉重，我的生活極為糜爛。我不禁問上帝：「還要多久？還要多久？明天又明天——為什麼不是現在？為什麼不在此刻就結束我的腐敗生活？」
>
> 立刻，我聽見有孩童的聲音說：「拿起來唸！拿起來唸！」我即速地跑回我的好友亞呂皮烏（Alypius）坐的地方，因為在那裡，他留下了一本保羅的書信。我拿起了這本書，靜靜地閱讀。我的眼睛看到一段經文：「不可荒宴醉酒；不可好色邪蕩；不可爭競嫉妒。總要披戴主耶穌基督，不要為肉體安排，去放縱私慾。」我不需要再往下唸，就是最後一句，好似確定的亮光傾入我的內心，一切疑雲完全消散。
>
> 我把我的手放在那一頁上，我寧靜安祥地與亞呂皮烏分享我的亮光⋯⋯。

上帝用這段經文改變了奧古斯丁，使他因此有智慧、能力去戰勝他的私慾，進而成為當代出色的神學家。如果你也肯接納、實踐這段經文之教訓，你的人生必然也會有極大的更新與轉變。

我們應當「戰勝自己的私慾」，使自己成為光明磊落的基督徒。

※　　※　　※

保羅提醒我們要能「喚醒自己的心靈」、要能「提昇自己的品德」、更當「戰勝自己的私慾」，就必能在這黑暗的世代中，成為光明磊落的基督徒。

「沒辦法，這就是我的天性。」很多人常將自己在個性、品德上不能成長進步的責任，歸咎於天性，這種人必永遠不會進步。

英國詩人史賓塞說：「人生是一塊渾沌的石材，雕刻的責任操之在自己的手裡。」你有權繼續作個掛名的基督徒，但是請務必記得，你「有辦法」改變你的天性——因靠著聖靈，必能成為重生得救、光明磊落的基督徒。

　　「成為光明磊落的基督徒」，是我們當存有的期
許，更是當努力實現的目標。

第**8**章

在基督裡的合一：
對宗派該存有的態度

　　信心軟弱的，你們要接納，但不要辯論所疑惑的事。有人信百物都可吃；但那軟弱的，只吃蔬菜。吃的人不可輕看不吃的人；不吃的人不可論斷吃的人；因為上帝已經收納他了。你是誰，竟論斷別人的僕人呢？他或站住或跌倒，自有他的主人在；而且他也必要站住，因為主能使他站住。

　　有人看這日比那日強；有人看日日都是一樣。只是各人心裡要意見堅定。守日的人是為主守的。吃的人是為主吃的，因他感謝上帝；不吃的人是為主不吃的，也感謝上帝。我們沒有一個人為自己活，也沒有一個人為自己死。我們若活著，是為主而活；若死了，是為主而死。所以，我們或活或死總是主的人。因此，基督死了，又活了，為要作死人並活人的主。

　　你這個人，為甚麼論斷弟兄呢？又為甚麼輕看弟兄呢？因我們都要站在上帝的臺前。經上寫著：主說：我憑著我的永生起誓：萬膝必向我跪拜；萬口必向我承認。這樣看來，我們各人必要將自己的事在上帝面前說明。

——羅馬書十四 1-12

　　有許多未信主的朋友常常會問說：「基督教為什麼有那麼多的宗派？到底我應當相信哪一個宗派才對？」雖然我們可以向他們解釋，我們所信的乃是耶穌而不是宗派；然而，宗派的存在對未信主的朋友，的確是一個困擾。尤其若是基督徒們常因執著於自我宗派的見解，進而公開地彼此攻擊、排斥時，更會成為人們來到上帝面前的一大障礙。

　　在保羅時代之羅馬教會的信徒，曾因為信仰觀點的差異，而產生了互相批評、論斷等不和睦的現象。在教會中，已信主的猶太人因著律法和傳統的影響，認為基督徒有許多東西不可吃，也有許多的節日必須遵守；然而，在教會中卻有另一群信主的外邦人，他們卻沒有這種必須禁忌某種食物，與遵守某種節日的背景。因此，這兩種背景的信徒，在教會中就產生了強烈的爭執與辯論。

　　當如何解決呢？

　　保羅認為，不是叫外邦人成為猶太人，也不是叫猶太人效法外邦人，乃是讓他們成為好基督徒——肯彼此包容、互相接納的基督徒。保羅在這一段經文中提醒信

徒，縱然在禮儀、制度上產生相反的見解與立場，也當彼此尊重與相愛。其實，這段經文也提供了今日各宗派當在基督裡尋求合一（而非劃一）的基本原則。

我們將以這段經文為起點，分享宗派形成的因素、宗派存在的價值，及宗派合一的原則，藉此讓我們懂得肯定自己所當執著的立場，也懂得尊重與我們不同立場的宗派。我們不該，也不必期待各宗派在制度、聖禮、組織上的「劃一」；但我們期待各宗派能在基督的愛裡，有「合一」的見證。

明白宗派形成的因素

在當時的羅馬教會中，有的信徒認為我們在基督裡的自由，一切舊約的禁忌理當完全消除，凡百物都可吃，不必擔心利未記所規定什麼可吃、什麼不可吃；舊約中該守的節日，如逾越節、五旬節等，因著基督裡的自由就不必遵守了。又有另一群信徒由於良心和傳統的緣故，認為一個基督徒不可吃肉而該吃素，也要嚴格遵守節期、安息日等規矩。

這兩派的人就彼此輕視、彼此論斷。這些不同的見解因素，正如今日的宗派形成的因素。簡單地說，之所以會形成宗派，至少有兩個因素。

因著解釋聖經的差異

例如浸信會根據聖經的教導，以為主張必須浸禮才算完全；施行點水禮的教會卻以為不必拘泥於外在形式的表徵，只要心裡是真正的重生，則點水禮就夠了。

又以主餐為例，主耶穌拿起餅來說：「這是我的身體。」當耶穌說這句話時，以浸信會的瞭解，它的含意是指「這餅是『象徵』我的身體」。只是象徵罷了。有的卻主張，耶穌明明說「是」，怎能說是「象徵」呢？然而，說餅真的就「是」耶穌身體的人，其意見也有很大的差別，問題是這餅是什麼時候變成主耶穌的身體？有的人說，當牧師禱告祝福的時候；有的人卻反對，說必須等信徒憑著信心領受這餅，吃下去後才變成耶穌的身體。

我們舉這最明顯而敏感的實例，為的是說明基督徒對於真理的瞭解和認識很難完全一致，而當一群人各是其所是，且堅持貫徹其主張與見解時，新的宗派就自

然形成了（又如對聖靈充滿的解釋、洗禮意義的領悟
等）。

因著生活背景的差異

因著個人生活背景的不同與文化傳統的差異，就產
生不同的教會組織與體制。很多宗派的形成，實在有其
在歷史上、地理上的原因和背景。如東方正教與西方天
主教在第四世紀時，就已經有極大的差別。東方教會講
希臘語，施行浸禮；西方教會講拉丁語，施行點水禮。
東方教會的教牧人員一定要留鬍子，可以結婚；西方教
會的教牧人員則一定要剃光鬍子，要守獨身。事實上，
這種習俗與文化之差異，早已種下了東、西方教會分裂
之潛因。

又以教會的體制而言，聖公會施行中央集權的主教
制度，長老會是間接民主的長老制，美國的浸信會則是
直接民主之會眾制，這些制度的形成，實在深受生活背
景所影響。簡單地說，當一群人堅持自己的習慣與傳統
時，一個新的宗派也就自然形成了。

有些教會如聚會所或是國語禮拜堂體系，雖然標榜
自己不是宗派，甚至也反對有形的宗派，然而其組織已

實在據有「宗派」的特色。他們脫離各宗派且獨立成一支體系，且只與同一體系中的教會合作，並具有自己的組織、禮儀、制度等，久而久之就自然構成一個宗派。以這兩個體系的教會而言，雖然自認為不是宗派，但從宗派學者來看，的確是一個宗派性——一個自以為「非宗派」的宗派。

其實每一個宗派都有其存在的意義，因此正面且積極地看宗派的價值，是基督徒當有的智慧。

肯定宗派存在的價值

在本段經文中，保羅提醒羅馬的信徒，只要基本信仰是一致的，縱然在禮儀、制度的見解上有所差異，也要彼此尊重、相愛。所以我們看到許多宗派的形成，雖然有其歷史上、地理上、神學上的原因和背景，但是信仰卻是相同的：相信同一位天父、同一位救主，倚靠同一位聖靈、遵行同一本聖經。我們不但不該反對宗派的存在，更要能發揮宗派存在的價值。而宗派的存在的確有其以下的價值。

能滿足不同類型之信徒的需要

上帝容許有各種宗派的存在，是為了要拯救各種不同類型的人。不同的教會組織、制度、禮儀，能適應、滿足不同類型之信徒的需要。喜愛在安靜的音樂氣氛中敬拜上帝的信徒，浸信會、長老會對他正適得其所，他們很可能會覺得靈恩派的敬拜太過熱鬧，而感到難以適應。重視莊嚴隆重禮儀的信徒若在聖公會敬拜上帝，會覺得心安理得，因而若參加聚會所的敬拜，一定會感到不習慣。

各種不同性質有形的教會，可適應各種不同類型之人的需要。正如為了能得飽足，有中餐、有西餐；而中餐館之中，更有粵菜館、川菜館、湘菜館、潮菜館、台菜館等，有的是米食而有的是麵食，有的是重辣味而有的是重甜味，這麼多類的館子，能滿足各種口味的人。有的人喜愛川菜，有的人喜愛粵菜，皆能各得所需；最重要的，乃是吃飽而維持身體的健康。

同樣的，我們有各種不同禮儀、制度的宗派，以適應各種不同類型的人；最重要的，是能有上帝同在且靈性得滿足。可見，多類型宗派的現象，是一種祝福而絕

不是障礙，各個宗派能滿足不同類型信徒的需要。

能提供互相反省與進步的機會

上帝容許有各種不同宗派的存在，能激發我們有反省與進步的機會。每一個宗派都有他們的優點，我們藉此可以取人之長補己之短。

例如，衛理公會極重視成聖之道，浸信會重視宣教，靈恩派重視聖靈；雖然其他教會也傳講這些真道，然而因有這些宗派的存在，就能提醒我們加強重視這些真理。有的宗派重視醫療傳道，有的重視遠方宣教，有的重視社會服務，有的則重視興辦學校；總之，藉著宗派的存在，能使教會間互相觀摩學習，齊心努力透過各種管道，使福音進入各階層。

可見，宗派的存在實在是一種福氣，而絕不是障礙，因為能成為教會互相觀摩、學習、反省與進步的機會。

宗派的存在是上帝的恩典而不是咒詛，但是宗派間若彼此攻擊、排斥，就是得罪上帝。因此，尊重與自己不同的宗派（除非是異端），是基督徒當有的胸襟。

遵守宗派合一的原則

　　雖然我們承認宗派各自存在的價值，但是我們更加肯定各宗派在耶穌基督裡合一的重要性。所強調的，絕不是要求各宗派在組織、禮儀、制度、名稱的「劃一」或「統一」，而是心靈上與事工上的「合一」關係。為了能達到這種「合一」的關係，保羅提出了三個信徒所當持定的原則。

要彼此接納（1-3 節）

　　在禮儀、制度、組織上辯論是無益的，況且辯論只會挑起爭端、誤會，而不能使我們的信心更堅固。

　　有人很肯定地相信，「百物都可吃」（2 節），因為凡物都因主耶穌而得潔淨了（14 節）。若用感謝的心領受，沒有一樣是可棄的（提前四4）。然而，若單有這種知識而沒有愛心，不一定就比別人更屬靈；有知識更不可看輕人、論斷人。這是我們在宗派間有所差異時，當持有的原則——不爭辯、不輕看、不論斷，而能彼此接納。

要彼此尊重（4 節）

因為我們都屬乎上帝，如果有誰軟弱跌倒，上帝必會扶持他、堅固他。因此，只要是信仰純正的教會，我們都當尊重其宗派體制與禮儀，並與之合作。事實上，凡接納此一真理的教會，即：一，相信新舊約聖經是上帝所默示的話語，乃是我們信仰和生活的最高原則；二，相信耶穌道成肉身，釘十字架救贖我們的罪，並且祂埋葬了、復活了，四十天後升天，不久還要再來。此等教會，大體上可算為信仰純正的教會；雖有若干意見不同，也該當彼此接納、尊重。

要向主負責（5-12 節）

首先保羅提到一個信徒要能意志堅定（5 節），不可三心二意。從宗派立場上而言，信徒應當有固定的教會，我們不可以有「宗派主義」，卻應當有堅定的「宗派立場」（例如：身為浸信會之會友，要瞭解浸信會的精神與特色，要能有承先啟後、繼往開來的心志。）

其次，保羅提醒我們要記得，我們乃是個別地向主交帳（10-12 節）。我們是屬乎主，以「一切的行為都向主負責」的信念，這種心志不但導致自己在教會中成為

好的信徒，也因著主而能與其他宗派的信徒彼此相愛，使主的國度因我們肯互相合作而早日降臨。

在宗派間的關係上，我們所強調的絕不是組織、禮儀、制度、名稱的「劃一」或「統一」，而是心靈上與事工上的「合一」關係。這是基督徒所當共同努力的方向。

※　※　※

一個有愛心、有智慧的基督徒，絕不輕易批評、論斷其他宗派的禮儀、制度、組織。正如同一位父親的眾子可以用不同的方法來孝敬父親，他們大可不必穿一樣的衣服、理一樣的頭髮、戴一樣的眼鏡、吃一樣的東西、從事一樣的行業、命名同一個名字。讓我們也如此肯定各宗派在天父上帝面前的不同角色。基督徒有責任讓宗派發揮其存在的價值。

「在基督裡的合一」是我們面對純正信仰的宗派，所當存有的共識，也是所當活出的見證。

第 **9** 章

在基督裡的追求：
追求互相和睦

　　所以，我們不可再彼此論斷，寧可定意誰也不給弟兄放下絆腳跌人之物。我憑著主耶穌確知深信，凡物本來沒有不潔淨的；惟獨人以為不潔淨的，在他就不潔淨了。你若因食物叫弟兄憂愁，就不是按著愛人的道理行。

　　基督已經替他死，你不可因你的食物叫他敗壞。不可叫你的善被人毀謗；因為上帝的國不在乎吃喝，只在乎公義、和平，並聖靈中的喜樂。在這幾樣上服事基督的，就為上帝所喜悅，又為人所稱許。所以，我們務要追求和睦的事與彼此建立德行的事。不可因食物毀壞上帝的工程。

　　凡物固然潔淨，但有人因食物叫人跌倒，就是他的罪了。無論是吃肉是喝酒，是甚麼別的事，叫弟兄跌倒，一概不做才好。你有信心，就當在上帝面前守著。人在自己以為可行的事上能不自責，就有福了。若有疑心而吃的，就必有罪，因為他吃不是出於信心。凡不出於信心的都是罪。

　　我們堅固的人應該擔代不堅固人的軟弱，不求自己的喜悅。我們各人務要叫鄰舍喜悅，

使他得益處，建立德行。因為基督也不求自己的喜悅，如經上所記：「辱罵你人的辱罵都落在我身上。」

從前所寫的聖經都是為教訓我們寫的，叫我們因聖經所生的忍耐和安慰可以得著盼望。但願賜忍耐安慰的上帝叫你們彼此同心，效法基督耶穌，一心一口榮耀上帝──我們主耶穌基督的父！所以，你們要彼此接納，如同基督接納你們一樣，使榮耀歸與上帝。

──羅馬書十四 13～十五 7

曾讀到一則故事，述說一對父子，他們正牽著一匹馬進城。行人看見這對父子，就批評說：「好笨哦！馬是給人騎的，怎麼牽著走呢？」父親聽見了，就把孩子抱上馬背，自己牽著馬走路。走了一段，又有批評說：「這個孩子真不孝，怎麼自己坐在馬背上，讓父親走路呢？」父親聽了就把孩子抱下來，自己坐在馬背上，讓孩子牽著馬。可是過了一會兒，又有人說：「這老頭子太自私了，怎麼讓小孩子走路呢？」父親就又把孩子抱上馬背，父子兩人騎著馬前進。

　　不久，又有人批評他們說：「這匹馬這麼瘦，兩個人竟然坐在馬背上，太沒有良心了！」於是父子兩人下了馬，走路進城去了。這位老先生為了迎合群眾的批評，自己也拿不定主意，結果在馬背上上下下。

　　這故事告訴我們，社會上有些人就像這位毫無主見、原則的父親，為了討好別人，只要別人有一點風吹草動就忙著附和；另一種人就像路上的行人，常不問事情的真相，只要看到不合自己觀點的事就會大肆批評。基督徒應當學會尊重別人而不隨意批評別人，更當懂得肯定自己的原則而造就別人，這是每位信徒在人際關係上當有的智慧與見識。

　　根據羅馬書第十四章的經文，我們知道在羅馬教會中，一些猶太的基督徒與外邦的基督徒，因著食物與守日的問題，在觀念與意見上有所衝突，而失去應有的和睦。所以保羅在解明食物、守日問題之所應持守的態度之後，就勸他們要在基督裡追求「互相和睦，彼此建立德行」（參羅十四 19）。為了達成這個目標，保羅要求信徒能落實在「三不」的原則上：一，「不再彼此論斷」；二，「不叫你的善被人毀謗」；三，「不求自己的喜悅」。

不再彼此論斷

保羅說：「所以，我們不可再彼此論斷，寧可定意誰也不給弟兄放下絆腳跌人之物。」（13節）他提醒信徒們，若因對某一種食物是否可以吃而產生見仁見智的看法，甚至引起紛爭、論斷的閒話，以致絆跌那些受批評的人，這實在已違背了愛人如己的道理（15節）。

簡言之，無論我們認為是否可吃，總不可叫人因我們偏激的態度或對其他信徒無情的論斷，使他們的心靈受創傷甚至跌倒。保羅提醒我們「不可再彼此論斷」，是我們第一個當遵守的原則。以下從三方面來思想這句經文的含意：「不可論斷人」、不再「彼此」論斷、不「再」彼此論斷。

不可論斷人

「不再彼此論斷」這一句話的第一層意思，是勸勉信徒「不可論斷人」。因為論斷人，不可能達到與人和睦或建立別人德行的目的，反而使人跌倒且破壞了彼此的和睦關係。

主耶穌說：「你們不要論斷人，免得你們被論斷。

因為你們怎樣論斷人，也必怎樣被論斷。」（太七 1-2）
有位婦人在報紙上寫了一篇文章，談到他們旅居美國
所發生的趣事。她說，有一天隔壁的孩子吉米到她家
玩，帶來雪糕要給她的兒子小航吃，小航搖搖頭說：
「不行，我爸爸說不可以隨便吃外國人的東西。」吉米
聽了天真地回答說：「可是我不是外國人，你才是外國
人呀！」這故事告訴我們，當你排斥別人時，可能正是
排斥你自己。明白了這個道理，我們就不敢輕易地論斷
人了。

不再「彼此」論斷

　　這一句話的第二層重點，是勸勉信徒不可「彼此」
論斷。「彼此」是指「不以論斷回應論斷」，而是以心
平氣和的寬恕來回應人的論斷。這是明智的表現。

　　古人說：「人之謗我也，與其能辯，不如能容。人
之侮我也，與其能防，不如能化。」意思是說，當一個
人遭到別人毀謗的時候，與其和人爭辯引起爭執，還不
如放寬心胸來包容他。當一個人受人欺負的時候，與其
防備他，還不如以高尚的德性來感化他；強調一個人必
須有寬宏的雅量，以品德和行為來證明自己的清白。

　　上帝的僕人摩西尚且曾受到亞倫和米利暗公然的毀謗與批評，何況是我們呢？但是摩西卻為我們留下了「以沉默回應論斷」的好榜樣。

不「再」彼此論斷

　　這一句話的第三層重點，是勸勉信徒要棄絕論斷人的習性，不「再」論斷人。「智慧與見識」，可以減少我們「論斷」人的過錯。

　　有一個人的太太喜歡畫畫，他也很喜歡他太太的傑作，但是有一天他突然不欣賞了，還一直批評他太太的畫顏色不協調；不但如此，他總覺得自己的房子似乎稍微傾斜不正。後來太太陪他去看眼科醫師，才發現原來他自己有一隻眼睛是遠視，另一隻眼睛卻是近視，所以看東西無法協調。後來配了適合的眼睛，一切才恢復正常。

　　我們求主也調整我們的眼睛，使我們有智慧與見識，能看清楚事物的真貌，因而懂得欣賞別人的優點，能有不「再」論斷人的好品德。

　　「不再論斷人」，是每一個基督徒為人處世所當具

有的智慧與見識。

不叫你的善被人毀謗

保羅說：「不可叫你的善被人毀謗，因為上帝的國，不在乎吃喝，只在乎公義，和平，並聖靈中的喜樂。」（羅十四 16-17）「善」在天主教聖經譯為「優點」；「善」是指基督徒因為有信心、知識而知道百物皆可吃的「優點」，因此享有不被傳統捆綁的自由。「不可叫你的善被人毀謗」，是指基督徒不以只重視自己因真理知識而獲得的自由，而忽略了別人的見解與感受，使其靈性因而受虧損。

簡單地說：「不可叫你的善被人毀謗」，是提醒我們不要因太重視自己行為的自由，而絆倒了其他的信徒。保羅以「不因貪圖自由而絆倒別人」，作為人際關係中與人「互相和睦，彼此建立德行」之第二個當遵守的原則。

然而，要如何達成此一目標呢？

當以愛心來決定行為的取向

保羅強調基督徒有自由來決定自己的生活方式。為此，不論吃或不吃，彼此都沒有資格去論斷對方（13節）。保羅同意信心堅定者的看法，認為沒有食物是不潔淨的（14節），但是倘若你吃了某些食物會絆倒一些軟弱的信徒，那麼你應當為了愛心的緣故而放棄「可以吃」的權利。因此保羅說：「無論……是甚麼別的事，叫弟兄跌倒，一概不做才好。」（21節）

一個基督徒雖然有「百物都可吃」的自由，但這種自由若妨礙了別的信徒靈性的進步，那麼就必須以愛心為先，寧可放棄自由而「不吃」。因為上帝愛世上所有的人，不希望一人沉淪，我們怎能因貪圖自由而絆倒別人？基督徒應以愛心來決定行為的取向。

當以屬靈的品德來決定行為的取向

保羅指責那些剛強的人，過度重視吃喝的自由，過於因吃喝而叫人靈性倒退的事實，實在是本末倒置。於是他提出屬靈與物質之先後問題（17節）。基督徒應當以屬靈的品德為重，吃喝的事只是肉身的事；對靈性而言，不吃也無損，吃也無益（林前八8），重要的是公

義、和平，並聖靈裡的喜樂。保羅在此教導基督徒應以能建立別人與自己的屬靈品德，作為行為的取向。

「不因貪圖自由而絆倒別人」，是每一個基督徒為人處世所當具有的智慧與見識。

不求自己的喜悅

保羅說：「我們堅固的人應該擔代不堅固人的軟弱，不求自己的喜悅。」（十五1）「堅固的人」，是指深知「信百物都可吃」的人。

保羅提醒這樣的信徒，千萬不要因自己知道得比別人多或有信心，而忽略了自己當要「擔代」（指扶持、要體諒）別人的軟弱。保羅以「不求自己的喜悅」（我想怎麼做就怎麼做），作為人際關係中與人「互相和睦，彼此建立德行」之第三個當遵守的原則。

為什麼要「不求自己的喜悅」？

「不求自己喜悅」，說明了基督徒的人生不是以自我為中心，而是重視別人的感受。這並不是說基督徒要一味盲目地順著人情、投人之所好去討人的喜悅。保羅

清楚地鼓勵基督徒，要積極主動地關懷人，為叫人得益處、得建立。

有個故事說到，有一天，一隻蜜蜂遇到一隻黃蜂。黃蜂說：「我有美麗的翅膀，一襲黑黃相間的外套，始終整潔，且比你漂亮；而你總是穿著工作服忙裡忙外，但是為什麼人們比較喜歡你，而不是我呢？」蜜蜂回答：「黃蜂先生，你說的都是真的。但是，人們之所以對我友善，是因為我提供他們蜂蜜吃。黃蜂先生，你能為他們做些什麼嗎？」

「為什麼我要為他們做些什麼？」黃蜂生氣地回答。「我只吃了一點他們的水果，他們就將我趕走，我還真想整整他們！」蜜蜂回答說：「假如你整人類，黃蜂先生，他們當然要將你趕走；假如你期待他們善待你，你就必須善待他們。人們是我的朋友，因為我也是他們的朋友。」

這故事所表達的，正如耶穌所說的：「無論何事，你們願意人怎樣待你們，你們也要怎樣待人。」（太七12）這種不求自己的喜悅，不以自我為中心，正是我們能與人和睦、彼此建立德行的原則。

如何才能「不求自己的喜悅」？

我們當如何才能活出「不以自我為中心」的美德呢？保羅要我們效法基督的榜樣。他說：「我們各人務要叫鄰舍喜悅，使他得益處，建立德行。因為基督也不求自己的喜悅。」（羅十五 2-3）

基督一生不求自己的喜悅，只求我們的益處，扶助我們的軟弱，因此我們亦當效法祂的榜樣，擔代別人的軟弱，使別人也得益處。基督徒在一切抉擇的標準，不只是建立在「我喜歡」的層次上，更要問：「我這樣做，上帝會喜悅嗎？父母會喜悅嗎？親友會喜悅嗎？」我們要經常如此反問自己，也效法耶穌基督不自私且光明磊落的行為。

基督徒當祈求上帝賜下能活出「不求自己的喜悅」之愛心與動力。「不求自己的喜悅」，是每一個基督徒為人處世所當具有的智慧與見識。

※　※　※

「互相和睦，彼此建立德行」是需要追求的。而「追求」的意思，是指要付上代價才能得著——要肯犧

牲、肯吃虧、願體諒人；即是「不再彼此論斷」、「不叫你的善被人毀謗」（不因貪圖自由而絆倒人）、「不求自己的喜悅」，這是每個基督徒為人處事所當遵行之「三不」的原則。

追求與眾人「互相和睦，彼此建立德行」，是每一個基督徒所當具有的決心，也是當活出的見證。

第 **10** 章

在基督裡的人生：
活得更亮麗

但願使人有盼望的上帝，因信將諸般的喜
樂、平安充滿你們的心，使你們藉著聖靈的能
力大有盼望！

——羅馬書十五 13

曾經有一個故事說到，有位園丁在一天清晨走進花
園的時候，忽然發現所有的花木都枯萎凋謝了，園中一
點生氣也沒有。他覺得很納悶，就問門口的一棵橡樹，
追問之下才得知原因。

原來，橡樹因為抱怨沒有松樹那樣高大俊秀，所以
就生出厭世之心；松樹抱怨自己無法像葡萄一樣結實纍
纍；葡萄也不想活了，因為他終日匍匐於地不能自立，
又不能像桃樹那樣開出美麗的花朵；桃樹則自嘆沒有紫
丁香那麼芬芳……。

這個故事提醒我們，如果一個人只埋怨所沒有的，
卻不為所擁有的而珍惜時，他的人生將永遠不會進步、
快樂。如果要活得快樂、活得美好、活得亮麗，不是改
變自己的環境，而在於改變自己的心境。

保羅很肯定地說：「但願使人有盼望的上帝，因信將諸般的喜樂、平安充滿你們的心，使你們藉著聖靈的能力大有盼望！」（羅十五13）這節經文闡明基督徒的人生：一，因為有上帝引導，所以對未來充滿盼望；二，因為有對上帝的信心，所以在內心充滿喜樂平安；三，因為有聖靈的同在，所以有克服環境的能力。有很多人信主多年，卻仍舊活在灰色、悲觀的情緒中，期待這節經文不但能激發你我誠心自我反省與修正；更期待這節經文能引導你我走向更光明、更亮麗的信仰生活。

對未來充滿盼望

保羅所說：「但願使人有盼望的上帝」的話語中，明顯地闡述了上帝是一位使人有盼望的神。基督徒只要虛心接受上帝的引導，正如大衛所說：「耶和華是我的牧者，我必不致缺乏。」（詩廿三1）你就會擁有一個充滿盼望的前途。

人生包括兩部分：一部分是往事（一場已逝去的夢）；一部分是未來（活在心中的盼望）。古人說：「哀莫大於心死。」所謂心死，就是對一切都失去了盼

望。一個沒有盼望的人生，將是最悲慘的人生。基督徒最大的特色，與一般人最大的區別，是因為認識上帝，所以具有「對未來充滿盼望」的信念。

因蒙上帝引導，因而有「明天會更好」的盼望

我們能具有「明天會更好」的信念，是因為我們深信上帝必然「垂聽」我們的禱告，除非上帝要藉著艱難的環境來磨練、栽培我們；我們深信上帝必然「成就」我們的禱告，來除去艱困的環境。

在聖經中、在信徒的經驗中，我們都曾看到、聽到許多這方面的見證。我們對未來充滿盼望，不是盲目地期待，也不是虛無地幻想，而是因為我們深信上帝愛我們、關心並引導我們的未來。基督徒絕不會埋怨貧困或咒詛現實，卻能在貧困中因有盼望而能樂觀進取。若我們現在肯努力，上帝必然能成就「明天會更好」的盼望；這盼望，能引領我們度過苦難的環境。基督徒對未來的前途有所盼望，因為確信引導我們的上帝，是施行神蹟、又能扭轉乾坤的神。

如何經歷上帝的同在和引導？

曾經有一個人對他的醫師抱怨說：「我對於人，實

在感到無法瞭解。」搖一搖頭又說：「我專攻心理學，但我卻無法獲得知心的朋友！」那位醫生馬上回答：「你想藉著書本的知識來獲得知心的朋友，那簡直是浪費時間，你也永遠無法獲得。如果你真想要獲得知心朋友，你必須尊重他、信賴他，並且和他一起生活、一起工作，和他有親近的關係……。」

同樣的，如果你想要認識上帝，就不能只停留在聖經、神學上的研究，你必須尊重祂、信賴祂，要天天與上帝生活在一起，一起談話，透過禱告與敬拜，才能認識上帝並獲得祂的鼓勵、引導與幫助。

盼望就像太陽，當我們向著它（盼望）前進，我們的重擔、陰影便拋在後面了。基督徒的一生因為有上帝的引導，能對未來充滿盼望，所以能活得有朝氣、活得更亮麗。

內心充滿喜樂平安

保羅又說：「因信將諸般的喜樂、平安充滿你們的心。」（羅十五 13）這句話告訴我們，因為我們對上帝

有堅定的信心，因此不論環境如何惡劣，內心仍舊充滿喜樂平安。在人間有什麼會比喜樂平安更重要呢？

　　有位財主對他的朋友說：「有錢不是一件可貪慕的事。我已經六十歲了，我很富有，但我卻不能吃，吃了就消化不良。我願意把我一切所有的，換得健康與胃口，使我能平安快樂地活著。」富有是一件美事，但是富有而能喜樂平安地吃，又是另一件更美的事。有人說：「沒有麵包，人生就無法生存下去；但若只有麵包（沒有平安喜樂），人生也就沒有什麼意義。」基督徒因為有對上帝的信心，內心因而充滿喜樂平安，所以能活得有朝氣、活得更亮麗。

為何信心能給人喜樂平安？

　　信心，是指你深信上帝凡事都能，也肯定了「在信的人，凡事都能」（可九23）的真理，所以雖然在逆境中，內心也會有說不盡的喜樂平安。戴德生牧師曾說：「不信的人只能看見困難，信的人卻看見在他們和困難之中有上帝。」不信的人只能看見困難，所以心中煩躁不安；而有信心的人卻看見了上帝的同在，因此能有「處變不驚」的喜樂平安之心。求主調整我們有「信心

的眼光」，使我們能看見上帝的同在與引導，能因此獲得真正的喜樂和平安。

如何有堅定的信心？

如果信心是喜樂平安之根源，我們當如何才能得著這種信心呢？

首先，可以祈求上帝給你信心。當耶穌和三個所愛的門徒在黑門山上，與摩西及以利亞聚集變像的時候，有一個父親帶了被聾啞鬼所附，又患癲癇病的孩子到耶穌的門徒面前，請他們將鬼趕出去，他們卻是不能。後來耶穌下山，孩子的父親把他帶到耶穌的面前，求主醫治，耶穌說：「你若能信，在信的人凡事都能。」孩子的父親馬上說：「我信，但我信心不足，求主幫助！」（可九 23-24）

主果然幫助他，加添他的信心，趕出孩子身上的鬼。我們也當求主賞賜我們信心，且是更大、更堅定的信心，使我們能因此獲得喜樂平安。

其次，「信心」是從上帝的話語而來的。羅馬書十章14節提到人信主，是由聽見上帝的話：「……未曾聽

見祂，怎能信祂呢？」信心與上帝的話語及應許有密切的關係，我們當勤讀聖經，讓上帝的話語充滿我們的心，進而懂得抓住上帝的應許，信心就會更加堅定。

奧古斯丁說：「信心是相信我們所不見的；信心的報酬，就是得見我們所信的。」基督徒因著對上帝有堅定的信心，不但能有喜樂平安，更因此能活得有朝氣、活得更亮麗。

有克服環境的能力

保羅又說：「使你們藉著聖靈的能力，大有盼望。」（羅十五 13）這句話告訴我們，聖靈使我們有盼望。許多時候，外面的環境和一切的情形都使我們感到失望和難過，但在我們裡面卻有一股能力，使我們因上帝仍有盼望和喜樂，這是聖靈的能力在我們裡面，使我們能有如此的盼望。聖靈是運行在我們心中的大能大力，藉著祂，我們就「能」克服自己在生活與工作中的「無力感」，進而「能」克服艱困的環境。

聖靈如何幫助我們克服環境？

當聖靈重生我們之後，就接著住在我們裡面，成為我們裡面內住的聖靈（林前三 16、六 19）。祂不但與信徒同住，並且在我們內心工作，顯出祂許多的功用，首先是「聖靈的安慰」（參約十四 16）當我們遇見痛苦傷心事時，祂在我們裡面，使我們得到上帝的安慰。其次是「聖靈的引導」（參羅八 14）。祂在凡事上引導我們，使我們走在光明中。聖經上說：「你或向左，或向右；你必聽見後邊有聲音說：『這是正路，要行在其間。』」（賽三十 21）這就是聖靈的引導，使我們有智慧、毅力，知道如何去克服艱難的環境。

曾經有一艘船迷失了航線，很多天看不見別的船，也看不見海岸。然而，船長仍然毫不畏懼地日夜航行。一天早晨，他看到他的船正朝著要去的碼頭前進。他怎能找到正路的？因為他有指南針、望遠鏡和地圖；不管是否看到陸地，只要依照地圖、指南針行駛，就可以安然抵達。

在人生的海洋上，聖靈是我們的指南針，信心是我們的望遠鏡，上帝的話就是地圖。基督徒因心中有聖靈，所以有克服環境的智慧與毅力。

如何讓聖靈在我們身上發揮祂的功用？

每一個重生得救的基督徒，都有聖靈內住在他的裡面。然而我們當如何讓聖靈在我們的生活中發揮祂的功用呢？我們對於內住聖靈的第一個責任，就是當順著聖靈而行，「不要消滅聖靈的感動」（帖前五 19）。聖靈感動我們就像點火一樣，我們不要在其上澆水，消滅了祂的感動。例如當你親近上帝禱告的時候，聖靈感動你，叫你去行某一件當行的事；你若壓抑那個感動不去行，就無法享受聖靈的功用了。

我們對心中內住聖靈的第二個責任是「不要叫上帝的聖靈擔憂」（弗四 30）。基督徒本當是喜樂的，但是為什麼很多的信徒會悶悶不樂？這是因為我們沒有順服聖靈的感動，因而使祂擔憂。什麼時候聖靈在我們裡面是喜樂的，我們也就喜樂；什麼時候聖靈在我們裡面是擔憂的，我們也就憂悶。我們是喜樂或憂愁，是我們順服聖靈使祂喜樂，或是違背聖靈使祂擔憂的明證。

保羅說：「我們若是靠聖靈得生，就當靠聖靈行事。」（加五 25）基督徒因有聖靈的同在，所以必然獲得克服困難環境的能力。

※　※　※

　　有位姊妹因為境遇十分困難，心中非常煩悶，有位傳道人特別來探訪，見她一點笑容也沒有。傳道人對她說：「妳會不會讓妳的孩子，從妳的手中往下摔落？」她聽見這話覺得納悶，就回答說：「我絕對不會讓他摔下去的。」

　　傳道人又說：「妳要我付出多少代價，才肯讓妳的孩子摔下去呢？」她回答說：「就是給我再多的金錢，我也不會讓他從我的手裡摔落下去！」「妳真的不讓妳的孩子摔下去嗎？」「絕對不會！」「妳想，妳愛妳的孩子，更勝過上帝愛祂的孩子嗎？」

　　這位姊妹的臉忽然放光，信心重新被挑旺起來。如果我們更肯讓上帝引導我們的未來，如果我們對上帝有足夠的信心，如果肯依靠聖靈而行事，平安喜樂必然充滿我們內心，我們也必然能活得有朝氣、活得更亮麗。

　　讓自己的人生「活得更亮麗」，是我們當有的決心，也是當活出的見證。

第 11 章

在基督裡的長進：
使自己更長進的祕訣

弟兄們，我自己也深信你們是滿有良善，
充足了諸般的知識，也能彼此勸戒。

——羅馬書十五 14

在偶然的機會中，聽到國小學童興高采烈地互相背誦他們流行的打油詩：「人生本是一場空，何必苦苦來用功；只要學會斜眼功，考試一定會成功。」聽了之後，實在覺得又好笑、又感慨。如果這只是學生課餘的自我消遣，這種幽默實在能引起聽者會心的一笑；但如果這是學生的心聲（切記！思想乃行為的種子），則這種「只問成績」而「不問手段」的觀念與做法，實在使我們感到擔憂。

一個好學生所當具備的條件，除了要有「優秀的成績」之外，實在更要有「良好的品德」及「健康的身體」；尤其身為基督徒的父母、子女，都當「培養」及「實踐」這種觀念。我們就從好學生所當具備的三個條件，來領悟保羅在本段經文中，對羅馬信徒的三個稱讚之對我們的意義。

保羅在寫這封信之前從未到過羅馬，這個教會也不

是他所設立的。因此，羅馬教會的信徒與保羅的關係，當然與保羅所設立教會的信徒就沒有那麼深厚；然而，保羅為什麼能如此放膽地寫這封信，來勸戒、教導他們？他在這段經文指出兩個原因，除了因他具有受託身為外邦人使徒的職分，理當關懷之外，更重要的是保羅深知羅馬的信徒具有良好的靈命基礎，因此期待他們的靈性能更長進。

保羅稱讚羅馬信徒：一，「滿有良善」；二，「充足了諸般的知識」；三，「也能彼此勸戒」。我們將從這個肯定的稱讚，看出基督徒能長進所當具備的三大要素，以讓我們學習能成為具有三大優點的好基督徒。

「滿有良善」：要心地善良、行為光明

保羅肯定地說：「我自己也深信你們是滿有良善……」。「滿有良善」，是保羅對羅馬信徒的第一個稱讚。「滿有良善」又譯作「充滿善意」。主耶穌曾對門徒說：「我差你們去，如同羊入狼群；所以你們要靈巧像蛇，馴良像鴿子。」（太十16）這裡所說的「馴良像鴿子」，就是指良善，含有美好、純正的意思。

主耶穌論到交銀子給三個僕人的比喻時，那些得賞賜的僕人被稱為「又善良又忠心的僕人」；「良善」也是聖靈在信徒身上所結的果子，可見「良善」是信徒得主稱讚與賞賜的條件之一，也是信徒所當有的品德。

基督徒當有「滿有良善」的見證與品德，而此「滿有良善」的品德，含有以下兩層含意。

基督徒當有良善的心地

所謂「滿有良善」的含意，簡單地說是具有良善的心地與動機去待人處事。基督徒對人不可「存心不良」，要培養自己能有「心存善意」的美德。

社會上的人，為人處事甚至對待自己的家人，常存詭詐的心意，然而基督徒應當在這方面顯出與世人有所分別，而常存善意待人。耶穌的門徒猶大曾親眼目睹耶穌行神蹟，在三年半中親耳聆聽耶穌懇切的教誨，卻為三十兩銀子而出賣了主耶穌。在最後的晚餐中，耶穌曾一再地警告他、開導他，可是他竟仍然執迷不悟，當晚竟以親密的親嘴標記為暗號叫人逮捕耶穌，這是何等的詭詐！

基督徒固然「害人」之心不可有，然而「愛人」之心實在不可缺，更重要的是要保守自己持有「純潔善良」的心思，來待人處事。

基督徒當有良善的行為

所謂「滿有良善」的另一層含意，是具有良善的行為。這是基督徒所當有的表現。很多人以為基督教教義強調信心而不重視行為，這實在是似是而非的道理。基督教對於一個沉溺罪中而無法自拔的罪人，只要他肯相信耶穌十字架的救法、歸向上帝，就必蒙拯救，這就是「因信得救」的道理。

但是得救之後，豈可仍在罪中而忽略了培養好的行為呢？那極重視「因信得救」之道理的保羅卻說：「斷乎不可！」（羅六 2）由此可見，未得救之前乃重視信心，得救之後就當重視行為。好的行為是我們得救的見證。耶穌曾說：「你們是世上的光……你們的光也當這樣照在人前，叫他們看見你們的好行為，便將榮耀歸給你們在天上的父。」（太五 13-16）這種良善的好行為，是我們所當重視、培養的。

「心地善良，行為光明」，是基督徒在任何時間、

地點、事件中，所當持有的見證，也是當獲得的稱讚。有位老夫子在教學中，常有一句口頭禪：「諸惡莫做，眾善奉行。」且往往一再地重覆述說。有一天，有位學生聽煩了，心想這個道理有誰不知道呢？便自言自語地說：「三尺童子皆知之。」老夫子聽了便回答：「百歲老人行不得。」知「道」容易，行「道」則難。

要聖靈能在我們心中動工，我們若肯順從聖靈的感動、引導，聖靈便能使我們的心意更新而變化（羅十二 5），使我們有能力結出「滿有良善」的果子。

「滿有良善」，要「心地善良、行為光明」，這是基督徒所以能長進的第一個條件。

「充足了諸般的知識」：肯積存知識、信服真理

保羅肯定地說：「我自己也深信你們是滿有良善，充足了諸般的知識……。」而「充足了諸般的知識」，是保羅對羅馬信徒的第二個稱讚，更是每一個信徒的長進所當具備的第二個條件。這個知識，是指對真理方面的認識、追求與信服。

彼得也曾勸勉信徒說：「你們卻要在我們主救主耶穌基督的恩典和知識上有長進……」（彼後三18）因為知識可以引導我們認識真神，幫助我們分辨是非，激發我們自我反省，提醒我們謹慎行事。一個正常的基督徒除了要禱告親近上帝之外，更要能「充滿了諸般的知識」。然而，要如何才能「充滿了諸般的知識」呢？

基督徒當積存真理知識

一個人能有充足的知識，是因為他肯努力地學習與追求。聖經上說：「智慧人積存知識。」（箴十 14）我們除了勤讀聖經之外，更要接觸各種屬靈的書籍、雜誌，參加成人主日學、查經班；有些教會的有聲圖書館有許多專題、培靈、神學的 CD、DVD，若你肯借回家觀賞、聆聽，就必能加添你的信仰知識。

路加福音記載耶穌童年時，非常重視聖經知識的追求，曾在聖殿裡，坐在教師中間，一面聽、一面問。耶穌對於追求知識的熱誠，實在值得我們效法。

要積存知識、明白真理，是每一個基督所當努力追求的目標。

基督徒當信服真理知識

　　一個人能有充足的知識，是因為他肯信服真理知識。信服（遵守）真理，是基督徒靈命長進的原動力和支持力，也是區分真假基督徒的方法。

　　主耶穌曾說：「凡稱呼我『主啊，主啊』的人，不能都進天國；唯獨遵行我天父旨意的人才能進去。」（太七 21）以法利賽人為例，他們相當尊重、也追求上帝的真理，不但在自己的額上、手上及衣服上佩帶經文，也是滿口經訓，但卻不肯遵守上帝的道。因此，主耶穌嚴厲地指責他們為粉飾的墳墓，施洗約翰更稱他們為毒蛇的種類。基督徒應當要積存知識，更當信服真理，這是每一個基督徒所當努力達成的目標。

　　曾有一位信徒懷疑勤讀聖經的價值，他問牧師說：「天天勤讀聖經有什麼用？我讀了二十幾年，還不是忘得乾乾淨淨？」牧師回說：「弟兄啊！去年的陽光跑到哪裡去了呢？他們進入果實、穀物、蔬菜當中，養育了人類。去年的雨珠跑到哪裡去了呢？當然，絕大多數的人都忘記了。事實上，雨水作了滋潤與潔淨的工作，它們的影響力到現在仍然存在。」牧師又說：「同樣的，

你這幾年所讀的聖經雖然忘光了，但卻也已經進到你的心中，使你靈命成長，使你更茁壯……。」基督徒當努力積存知識，更要信服聖經的真理。

「充足了諸般的知識」——肯「積存知識、信服真理」，這是基督徒所以能長進的第二個條件。

「也能彼此勸戒」：能勸戒人也肯受勸戒

保羅肯定說：「我自己也深信你們是滿有良善，充足了諸般的知識，也能彼此勸戒。」而「也能彼此勸戒」是保羅對羅馬教會信徒的第三個稱讚，也是每一個信徒所當具有的智慧與心胸。

「彼此勸戒」，是指信徒能不固執己見，肯接受別人的忠告，隨時接受真理的指正，也有智慧知道如何勸戒別人棄惡從善。在「彼此」勸戒之後，必然會使我們的行為更為完全而無可指摘。

「也能彼此勸戒」，有以下兩層含意。

基督徒當有智慧地勸戒人

「也能彼此勸戒」的第一層含意，是指基督徒當有智慧地「勸戒人」。箴言告訴我們：「智慧人的舌頭，卻為醫人的良藥。……明哲人嘴裡有智慧。」（箴十二18、十13）一個基督徒的舌頭固然不說出咒罵人、讒謗人、污穢的話，但更要能說勸戒人、醫治人的好話。而說勸戒人、醫治人的好話固然重要，如何說得得體，說得讓人心悅誠服地接受，卻更為重要。

先知拿單去見大衛王，以說故事的方式與大衛交談，而在最終指出大衛殺了烏利亞，奪取了烏利亞之妻的過錯，因而使其認罪的勸戒方式，實在值得我們效法。

當我們在勸告別人時，要能讓對方欣然接受，不使受勸告者因難堪以致惱羞成怒。我們當學習能說出「忠言而不逆耳」的話語。同樣一句善意的勸戒與建言，由於說法不同，所收到的效果也就不同。基督徒當有智慧地勸戒人。

基督徒當虛心接受人的勸戒

「也能彼此勸戒」，可從「彼此」看出第二層含

意，是指基督徒要肯虛心地接受人的勸戒。箴言書說：
「唯智慧人，肯聽人的勸教。」（箴十二 15）一個人能
進步，除了常自我反省之外，就是肯謙虛地聽人勸教。
一般人比較容易發現、指責別人的過錯，而卻容易自圓
其說地遮蓋自己的過失；縱然發現自己的過失，也會編
造理由原諒自己，不容易冷靜地聆聽、接受別人善意的
勸戒。

　　舉例而言，當別人花許多時間做一件事，我們說他
做事拖泥帶水；而自己花許多時間做一件事，卻自稱是
辦事仔細徹底。當別人意見堅決，我們稱他是執迷不
悟；而自己意見堅決，則自稱是擇善固執。當別人做事
有所長思，我們說他個性優柔寡斷；自己做事有所長
思，卻自稱是慎思明辨、思考周密。這種只知道找理由
原諒自己的人，必然無法虛心地接受別人的忠告。基督
徒應當能虛心地接受他人的勸戒。

　　有一次，柏拉圖的一個好朋友送他一把稀有、漂亮
的椅子，他以擁有這把椅子為榮。漸漸地，很多人知道
他有這把椅子。有一天，當他的朋友聚集在他家欣賞這
把椅子時，突然有一個人跳到椅子上踩來踩去，大聲地

嚷著說：「我是柏拉圖的好朋友，自從柏拉圖有了這把椅子後，就開始變得驕傲。為了將他從驕傲中拯救出來，我要將他的驕傲完全踩碎……。」

當他正慷慨激昂指責的時候，柏拉圖從屋裡拿出一把刷子，請他下來，先把椅子刷乾淨，也把這個朋友的靴子刷乾淨並且說：「我親愛的朋友，謝謝你把我從驕傲的罪海中拯救出來。為了報答你，我也把你的嫉妒靴刷乾淨，然後你便可以快快樂樂地回去了。」這個故事提醒我們，在勸戒別人的過失時，當有智慧、有愛心，絕不可出於自以為是，更不可出於酸葡萄的嫉妒心態。

「能彼此勸戒！」——願我們「能勸戒人也肯受勸戒」，這是基督徒靈性長進的第三個條件。

※ ※ ※

基督徒若能具有保羅所稱讚的三樣美德：「滿有良善」——要心地善良、行為光明；「充足了諸般的知識」——肯積存知識、信服真理；「也能彼此勸勉」——能勸戒人也肯受勸戒，我們的生命必然會因此更加豐富良善，對真理的認識也會更透徹，我們的行為

也會更完全無可指摘。如果我們具有這三樣美德，我們的靈性、品德必然因此更長進。

　　使「自己更長進」，這是每一個信徒所當具有的決心，也是當活出的見證。

第 12 章

將生活獻給上帝

　　所以，弟兄們，我以上帝的慈悲勸你們，將身體獻上，當作活祭，是聖潔的，是上帝所喜悅的；你們如此事奉乃是理所當然的。不要效法這個世界，只要心意更新而變化，叫你們察驗何為上帝的善良、純全、可喜悅的旨意。

　　　　　　　　　　　　　　——羅馬書十二 1-2

　　一九一二年四月十五日，英國鐵達尼郵船從英國到美國作首度航行，卻不幸在大西洋撞到冰山而沉沒，在當時成為震驚世界的大海難。

　　當船即將沉沒的時候，船上所有人都慌成一片，有的哭號哀叫，有的要爭先擠上有限的救生船逃生，秩序格外地混亂。這時，有位船客郝約翰牧師，出來站在眾人當中，大聲呼籲說：「基督徒站出來！」於是基督徒一個接一個從擁擠的人群中出來，聚在一起禱告、唱詩。

　　當船漸漸沉沒的時候，他們還在悠揚地唱著〈近乎我主我父〉這首詩歌。後來在美國為郝約翰牧師舉行追思禮拜時，主席說：「我們記念這位上帝的僕人，最要

緊的是要牢記並實踐『基督徒站出來！』的呼籲。若沒有他的呼籲，當天必定有更多的人傷亡。」事實上，不但是在面對海難，眾人驚慌失措、喪膽絕望、哭號畏懼的時候，基督徒應當站出來；在社會道德墮落的今天，基督徒更應當要站出來。然而，卻不是責備、批評或哀嘆人心不古，而是能要求自己活出與眾不同的基督徒的品德。基督徒之所以稱為基督徒，就是能從眾人中站出來，顯明他具有與眾不同的信心和德性。

在羅馬書中，保羅不但強調「信仰生活化」的真理，他更具體地在十二章 2 節的經文中，提供信仰生活化的基本方法：一，不要效法這個世界；二，要心意更新而變化；三，要察驗何為上帝的旨意。此處，保羅提醒我們不只是奉獻金錢、智慧、主日的時間給上帝，他更要我們學習也要將周一至周六的生活獻給上帝。簡單地說，就是要我們在生活中，顯明我們是一個有基督信仰的人，這是我們今天要彼此共勉的信息。

不要效法這個世界

基督徒生活第一件要注意的事是：「不要效法這個

世界」。現代中文譯本聖經將這句話翻譯成：「不要向這世界看齊。」基督徒要堅守上帝所賜的誡命與本分，不可受社會潮流、風氣的牽制與影響。環境對人的影響的確很大，若一個人生活在一個道德敗壞的社會中，極可能產生不良的影響。面對這種環境，基督徒可能會有兩種反應：一，近墨則黑，經不起誘惑而致同流合污；二，立志彌堅，不受壞環境的影響。一個人對環境的反應，全在自己的一念之間；是成是敗，也是分寸間的事。保羅提醒我們：「不要向這世界看齊。」不可因別人這樣做，我也這樣做；乃要以真理作為抉擇的準則。

不追隨、效法「貪財」的社會風氣

這是一個貪財的時代，它使人心慌、心散、心變。台灣曾流行一則笑話，中華民國的英文簡稱 R. O. C.，已變成了 Republic of Casino，即賭博的民國，這種形容雖然有些誇張，但我們不得不承認這種貪財畸形現象的存在：彩券開獎之日，電話打不通，員工無心上班；股票市場變成合法的賭場，不僅家庭主婦、退休人員湧入，一些公務員與年輕人也為之著迷。據報導，一名在股票及房地產上發財的年輕人，買名車，環遊世界，而且還換了房子與妻子……。貪財的畸形風氣使社會更脫序、

更混亂，甚至導致家庭的破碎，正如保羅所說：「有人貪戀錢財，就被引誘離了真道，用許多愁苦把自己刺透了。」（提前六 10）

我們是屬上帝的人，是持定永生的人，當以永世的眼光來衡量一切，縱然賺得了全世界的財富卻賠上了生命，又有什麼意義呢？

不追隨、效法「漠視真理」的社會風氣

看今日社會脫序現象，毒品氾濫、搶劫案件層出不窮，天天都有重大刑案的社會新聞，連搭計程車都令人膽顫心驚。暴力事件不斷發生，連維持治安的警察也成了歹徒攻擊的對象。有人說：「古人的皺紋在臉上，今人的皺紋在心裡；今人的身體比古人更舒服，而心中卻比古人更不安。」為什麼社會演變至今天這種程度？

因為人們心中沒有真理。人一旦漠視真理，就沒有善惡標準，更沒有愛心、沒有情義。基督徒絕不可與這時代的環境同流合污，也不可隨波逐流，而是要成為有原則、有立場、實踐真理的人。海水是鹹的，然而海中的魚卻沒有鹹味，這正是基督徒在今日的社會中，所當活出的見證。

在當今世代，撇開別的不說，單就物質的誘惑、罪惡的充斥，就已經是很大的壓力了。基督徒「不要效法這個世界」的原則，更顯為重要、更當重視。

要心意更新而變化

基督徒生活第二件要注意的事是：「要心意更新而變化」。這是一種積極求進步的態度。現代中文譯本聖經翻譯為：「要讓上帝完全改變你們的心思意念。」心思意念是指一個人的人格、觀念、意志。從穿牛仔裝更換穿西裝，外表雖然改變，人格未必有所改變。西方有句諺語：「你不能只把一個人的襯衫洗乾淨了，就想改變這個人。」

一個基督徒之所以成為基督徒，不只是從廟宇走向禮拜堂，而更重要的是要有「心思意念」的更新。上帝要改變我們的不只是我們的外表，而是我們的本性。從前是詭詐的，現在要變為誠實；從前是自私的，現在要變為有愛心的；從前是向惡的，現在要向善。簡單而言，就是要在靈命上、性情上更新長進。然而，要如何才能更新長進呢？

常自我反省

　　人之所以不能長進有三個因素：常常按照自己的喜歡去思想，常常按照自己的習慣去做事，常常按照自己的成見去說話。這種缺乏自我反省、自我更新意願的人，怎麼會在人格上、觀念上有所長進？

　　大衛給我們一個自我反省的模式，與更新長進的動力，他說：「求你鑒察我，知道我的心思，試煉我，知道我的意念，看在我裏面有甚麼惡行沒有，引導我走永生的道路。」（詩一三九 23-24）若我們肯天天如此自我反省，且迫切地期待上帝改變自己，則必然會在心智上、品性上更新長進。

勤讀聖經

　　上帝的話能引導人走正路，詩人說：「你的話是我腳前的燈，是我路上的光。」（詩一一九 105）勤讀聖經的人，有真理的亮光引導，必不致絆腳跌倒。

　　上帝的話也能使人成聖，主耶穌曾為門徒禱告說：「求祢用真理使他們成聖，祢的道就是真理。」（約十七 17）上帝的道像一面鏡子，能照出我們的缺失。我們必須天天照鏡子（讀聖經），並按著鏡子所反射出的

缺點來加以改進，如此必能成為聖潔的人（雅一 23-25；詩一一九 9）。

加爾文說：「聖經有如一副眼鏡，我們可以透過它看清事物的真面目。不好好讀聖經，有如深度近視，無法看清楚一切。」若我們肯天天勤讀聖經，且藉著讀經來調整自己的觀念與行為，必然會更新長進。

有句銘言說：「美而無德，好像沒有香味的花一樣，虛有其表。」基督徒不但要有不效法這個世界的決心，更重要的是在本性上、品德上肯被上帝改變、更新，而成為以德感化人的基督徒。

要察驗何為上帝的旨意

基督徒第三件要注意的事就是：「要察驗何為上帝的旨意」。簡單地說，就是行上帝所喜悅的事。在經文中，保羅說：「叫你們察驗何為上帝的善良、純全、可喜悅的旨意。」這句話含有三種意思：一，要順服上帝的旨意；二，要察驗什麼才真正是上帝的旨意；三，從「叫你們」的字句，看出察驗上帝旨意當有的先決條

件。基督徒是以遵行上帝的旨意為目標，所以一切的行動生活要以力求善良、純全，讓上帝喜悅為標準。聖經上說：「無論做什麼，或吃或喝，都要為榮耀上帝而行。」（林前十 31）我們若常常自問：「我這樣做（我的行動），是否會榮耀上帝？」這必然能幫助我們達到上帝所喜悅的標準。

不效法世界，心意更新而變化

明白上帝旨意有兩個最基本、最初步必備的條件是：「不要效法這個世界，要心意更新而變化」，這也是每個基督徒必須做到的。世界上雖有很多誘惑，每個人也有自己的喜愛，但是我們卻仍以能得上帝喜悅、榮耀上帝作為行為的準則，如此我們必然蒙福。

聖經上說：「並且我們一切所求的，就從祂得著；因為我們遵守祂的命令，行祂所喜悅的事。」（約壹三 22）我們禱告之所以蒙悅納、得成全，不只是我們消極地不犯罪、不做壞事，而是積極地多行善事、行上帝所喜悅的事。不可以說：「聖經未曾禁止人打麻將、抽煙、喝酒……」就可以盡情地去做，反倒應該問：「我這種行為，上帝會喜悅嗎？」

　　英國聖公會是不禁止抽煙的，大佈道家司布真早期也喜歡抽煙。煙商因而利用他的大名，出了個司布真牌香煙作為宣傳，以譏諷、抵抗那些反對抽煙的基督徒。司布真得知後，甚受責備，因抽煙已不能榮耀上帝，從此因而戒煙。

　　不要效法社會潮流，要有更新突破自我、力求進步的心志，這是我們明白上帝旨意的兩個最基本、最初步的必備條件。

信任且順服上帝所安排的環境與引導

　　察驗上帝旨意的最終目的，是要肯信任且順服上帝所安排的環境與引導。有些時候，我們不明白上帝的旨意，心想為什麼上帝會讓我落入這種困境？我們之所以不能明白，是因為仍未達到「不要效法這個世界」及「心意更新而變化」這兩個階段；若達到了，我們就必然能信任且順服上帝對我們所安排的環境與引導。

　　曾經有一位畫家，在一座建築物的頂壁上完成了一幅壁畫。畫成後，他站在那特製的高架上欣賞自己的作品，不知不覺一步步地往後退，最後退到高架的邊緣；若再往後退一步，他必然跌下去。

在這千鈞一髮的時刻，他的助手立刻疾步向前，在那壁畫上急忙塗上一筆，無情地毀了他的傑作。那位畫家跳上前來，發出憤怒與痛苦的哀號；然而當他看到面色蒼白而顫抖的助手站在那裡，用手指著高架邊緣時，他明白了，因而流著淚將助手抱在懷中，感謝助手救了他一命。

有時候，上帝為了保守我們的靈命，讓我們突然面臨莫名的失去健康、失去財富、失去地位等種種不幸遭遇與困境，然而若我們深信「萬事都互相效力，叫愛上帝的人得益處」（羅八 28）的應許，我們必能信任且順服上帝所安排的環境與引導。

在日常生活中，我們當分辨什麼是當做的或不當做的。我們不能只是一味地體貼自己的喜愛和嗜好，而更當重視「上帝要我怎麼做」的原則。

※　※　※

在我們的日常上班工作、社交應酬、求學過程中，或家庭生活的言語行為上，都要鼓勵自己能活出基督信仰，讓人看出我們是一個真正的基督徒，讓人羨慕、讓

人佩服、讓人尊重我們的品德，如此不但能歸榮耀給上帝，而且還能成為傳揚福音、吸引人成為基督徒的媒介。

　　不要效法這個世界、要心意更新而變化、要察驗並實踐上帝的旨意，這種「將生活奉獻給上帝」的提醒，是每一個基督徒所應有的決心，也是當實踐的真理。

LOGOS系列5

活出信仰：羅馬書十二至十五章之生活信息

作　　者：施達雄
編　　輯：馮眞理
封面設計：郭秀佩
版型設計：林朋

發 行 人：鄭超睿
出版發行：主流出版有限公司 Lordway Publishing Co. Ltd.
出 版 部：台北市南京東路五段123巷4弄24號2樓
發 行 部：宜蘭縣宜蘭市縣民大道二段876號
電　　話：(03) 937-1001
傳　　眞：(03) 937-1007
電子信箱：lord.way@msa.hinet.net
郵撥帳號：50027271
網　　址：http://mypaper.pchome.com.tw/news/lordway/

經　　銷：

紅螞蟻圖書有限公司
台北市內湖區舊宗路二段121巷19號
電話：(02) 2795-3656　傳眞：(02) 2795-4100

以琳發展有限公司
香港九龍灣啓祥道22號開達大廈7樓A室
電話：(852) 2838-6652　傳眞：(852) 2838-7970

財團法人基督教以琳書房
台北市忠孝東路四段210號B1
電話：(02) 2777-2560　傳眞：(02) 2711-1641

2013年5月　初版1刷
2014年3月　初版2刷
書號：L1301
ISBN：978-986-86399-9-7（平裝）
Printed in Taiwan

國家圖書館出版品預行編目資料

活出信仰:羅馬書十二至十五章之生活信息 /
施達雄作. -- 初版. -- 臺北市：主流, 2013.05
　面：　公分. -- (LOGOS系列；5)

ISBN 978-986-86399-9-7（平裝）

241.71　　　　　　　　　　102009455